삶의 진수를 느끼고 싶어질 때
삶에 대한 안목이 깊고 넓어지고 싶을 때
바다와 같은 탈무드의 지혜를

_____ 님께

선물하고 싶습니다.

바다와 같이 지혜로운 158가지 탈무드

살아오면서 가면서
꼭 읽어야 할 보석같은 책

| 차례 |

제1장 준비하며 사는 삶

노인과 어린 묘목 ●●● 15
왕이 된 노예 ●●● 16
잔치에 초대받은 두 신하 ●●● 20
필 연 ●●● 21
하늘이 맡긴 보석 ●●● 23
랍비의 선행 ●●● 25
이스라엘과 같은 몸 ●●● 27
하늘지붕 ●●● 30
유태의 은둔자 ●●● 31
유태의 신(神) ●●● 32
자 식(子息) ●●● 34
죽 음 ●●● 36
교 사 ●●● 38
착한 사람 ●●● 40
자 선 ●●● 41
유태민족 공동체 ●●● 43

화 합 ● ● ● 44
살아 숨쉬는 바다 ● ● ● 46
랍 비 ● ● ● 48
인 생 ● ● ● 56
사 람 ● ● ● 59
가 정 ● ● ● 61
친 구 ● ● ● 64
우 정 ● ● ● 65
여 자 ● ● ● 66
판 사 ● ● ● 68

제2장 더불어사는 삶

보트의 구멍 ● ● ● 71
초청받지 않은 사람 ● ● ● 74
백지장도 맞들면 낫다 ● ● ● 76
형제간의 사랑 ● ● ● 78
낯선 동물 ● ● ● 80
사랑의 맹세 ● ● ● 82
거미, 모기 그리고 미치광이 ● ● ● 86
성공한 랍비의 눈물 ● ● ● 89
가정의 평화 ● ● ● 91
친아들 ● ● ● 94
닮지 않은 부자 ● ● ● 96

어머니 ● ● ● 97
법률의 원칙 ● ● ● 98
열[10]이란 숫자 ● ● ● 99
일곱 가지 계율 ● ● ● 101
비즈니스 ● ● ● 103
네 명의 아이 ● ● ● 106
죄 악 ● ● ● 107
사람의 손 ● ● ● 109
담 보 ● ● ● 110
성(性) ● ● ● 112
부부관계 ● ● ● 113
피 임 ● ● ● 114
동성애 ● ● ● 116
임대료 ● ● ● 117
도둑질과 벌금 ● ● ● 119
이혼을 면한 부부 ● ● ● 121

제3장 올바르게 사는 삶

당나귀를 따라온 다이아몬드 ● ● ● 127
독이 든 우유와 개 ● ● ● 129
아름다운 행위 ● ● ● 130
천국과 지옥 ● ● ● 131
진정한 효도 ● ● ● 133

영원한 생명을 받을 수 있는 자격 ●●● 135
두려워하는 것 ●●● 137
도둑과 솔로몬 ●●● 139
닭의 재판 ●●● 143
험 담 ●●● 144
상거래 ●●● 147
자선에 관한 네 가지 유형 ●●● 149
하느님이 기뻐하시는 세 가지 일 ●●● 151
자기희생이 나을 경우 ●●● 152
남들이 이럴 때는… ●●● 153
꿈 ●●● 154
진정 거룩한 것 ●●● 155
유태인과 돈 ●●● 157
담 장 ●●● 160
간 통 ●●● 161
자 백 ●●● 162
상품광고 ●●● 163
성서에 대한 맹세 ●●● 166
자선의 대가 ●●● 168
장사꾼의 도리 ●●● 171

제4장 지혜롭게 사는 삶

작별인사 ● ● ● 175
시집가는 딸에게 슬기로운 어머니의 당부 ● ● 178
마을의 파수꾼 ● ● 180
두 시간의 가치 ● ● ● 182
되찾은 돈주머니 ● ● ● 184
세 친구 ● ● ● 187
뱀의 머리와 꼬리 ● ● ● 190
못생긴 그릇 ● ● ● 193
아버지의 유서 ● ● ● 196
무언의 충고 ● ● ● 199
붕 대 ● ● ● 202
세 가지 현명한 행위 ● ● ● 203
마 음 ● ● ● 208
암시장 ● ● ● 209
가운뎃길 ● ● ● 211
학 자 ● ● ● 212
하나의 몸에 두 개의 머리 ● ● ● 213
고용계약 ● ● ● 215
진짜 어머니 ● ● ● 218
위생관념 ● ● ● 220
갈비뼈로 여자를 만든 이유 ● ● ● 221
현명한 사람의 조건 ● ● ● 222
돈 ● ● ● 223

술 ●●● 225
섹스 ●●● 226
교육 ●●● 227

제5장 생각하며 사는 삶

장님과 등불 ●●● 231
악한 사람들을 대하는 태도 ●●● 232
복수와 증오 ●●● 234
아담의 빵과 옷 ●●● 236
마지막 날에 창조된 인간 ●●● 238
남자와 여자의 차이점 ●●● 240
남자의 일생 7단계 ●●● 240
강자와 약자 ●●● 242
선(善)과 악(惡)의 동행 ●●● 244
아담의 갈비뼈를 훔친 도둑 ●●● 245
안식일(安息日) ●●● 247
자기암시 ●●● 249
유태인과 하드리아누스 황제 ●●● 251
마법의 사과 ●●● 253
악마의 선물 ●●● 256
자루 ●●● 258
하느님 ●●● 259
독일판 탈무드 ●●● 261

일곱(7)이란 숫자 ●●● 262
용서받는 거짓말 ●●● 264
사형 판결 ●●● 265
두 가지 견해 ●●● 266
아기인가? 산모인가? ●●● 268
더 붉은 피 ●●● 270
세 명의 경영자 ●●● 273
현자를 찾아가는 사람들의 유형 ●●● 277
처 신 ●●● 278

제6장 분별하며 사는 삶

다섯 가지 부류의 삶 ●●● 285
혀 · 1 ●●● 289
혀 · 2 ●●● 291
혀 · 3 ●●● 292
가장 중요한 부분 ●●● 293
헐뜯지 않는 입 ●●● 298
여우와 포도밭 ●●● 299
불행과 행운 ●●● 301
빼앗기지 않는 재산 ●●● 304
목구멍에 뼈가 걸린 사자 ●●● 306
옳은 것의 차이 ●●● 307
자기가 당하고 싶지 않은 일 ●●● 310

인내심 ••• 311
성 윤리 ••• 313
결 론 ••• 315
인간의 네 가지 유형 ••• 316
히브리어의 '진실' ••• 317
먹을 수 없는 것 ••• 318
남성과 여성 ••• 323
불공정 거래 ••• 324
지갑, 술잔, 분노 ••• 326
불쌍한 남자 ••• 327
이 유 ••• 328
많은 것도 탈 ••• 329
가치 있는 것 ••• 330
악(惡) ••• 331
중상모략 ••• 333

Part 1

준비하며 사는 삶

노인과 어린 묘목

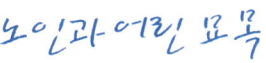

어떤 노인이 정원에 묘목을 심고 있었다. 마침 그때 그 곳을 지나던 젊은 사람이 노인에게 그 어린 묘목을 심는 이유를 물었다.

"할아버지, 그 나무에 열매가 열리려면 얼마나 걸릴까요?"

노인이 대답했다.

"70년 정도 지나면 열리겠지요."

노인의 대답에 젊은 사람이 다시 물었다.

"할아버지께서 그렇게 오래 사실 수 있겠습니까?"

그러자 노인이 이렇게 대답했다.

"내가 어렸을 때 우리 집 과일나무에는 열매가 주렁주렁 열려 있었지요. 그것은 내가 태어나기 전에, 이미 아버님께서 나를 위해 어린 묘목을 심어놓았기 때문이오. 나도 아버님과 똑같은 일을 하고 있는 것이라오."

왕이 된 노예

착한 마음씨를 가진 부자가 있었다. 그는 거느리고 있던 노예에게 '해방시켜 줄 테니 어디든지 좋은 곳으로 가서 행복하게 살라' 고 하며 많은 물건을 내어주었다. 구속의 사슬에서 풀려난 노예가 배를 타고 넓은 바다로 나아갔을 때, 심한 폭풍우가 몰아쳤다. 그 바람에 그가 타고 있던 배가 바다에 침몰하여, 그가 배에 가득 실었던 물건들이 모두 바다 속에 잠기고 말았다.

그러나 운 좋게도 노예는 배에서 빠져나와 열심히 헤엄을 친 끝에 가까운 섬에 도착하게 되었다. 간신히 목숨은 구했지만 결국 모든 것을 잃게 되자, 노예는 커다란 슬픔에 잠겨 바닥에 주저앉은 채 신세한탄을 했다.

어느 정도 시간이 지난 후, 정신을 차린 노예는 섬 주변을 살펴보다가 큰 마을을 발견했다. 이때 그는 옷을 하나도 걸치지 않은 벌거숭이 신세였다.

하지만 그가 마을에 다다르자 사람들이 모두 환호성을 지르기 시작했다.

"임금님 만세!"

마침내 그는 생각지도 못했던 임금의 자리에 올라, 호화스런 궁전에서 살게 되었다. 그 생활은 마치 꿈만 같았다.

도저히 믿을 수 없는 현실에, 그는 한 사람을 붙잡고 물어보았다.

"알거지나 다름없는 내가 이곳에서
왕이라니, 도대체 어찌 된 일인가?"

그러자 그 사람이 대답했다.

"이곳은 산 사람들 세계가 아니라 영
혼의 세계입니다. 그래서 일년에 한 번
씩, 산 사람이 이 섬에 나타나면 그 사람을
임금님으로 모십니다. 그러나 염두에 두십시

*Open your door to a good day and prepare
yourself for a bad one.*

맑은 날을 위해 문을 열어 놓되 흐린 날을 위해 준비하라.

오. 일 년이 지나면 당신은 이 섬에서 쫓겨나 생물이나 먹을 것이라곤 찾아볼 수 없는 외딴 섬으로 보내지게 될 것입니다."

임금이 된 노예는 그의 말이 고마웠다.

"정말 고맙구려. 지금부터라도 일 년 뒤를 대비해서 여러 가지 준비를 해야겠습니다."

그는 이후 사막과 같은 외딴 섬에 가서 꽃도 심고 과일 나무도 심기 시작했다.

마침내 일 년이 지났다. 그리고 노예는 임금의 자리에서 쫓겨나, 처음 그 섬에 도착했을 때처럼 벌거숭이인 채로 외딴 죽음의 섬으로 떠나게 되었다.

그러나 그가 외딴 섬에 도착했을 때, 사막처럼 황폐했던 그 섬은 온갖 꽃이 피고 과일이 열린 신천지가 되어 있었다. 그리고 그보다 먼저 그 섬으로 쫓겨 온 사람들

도 그를 반갑게 맞아주었다. 그리하여 그는 그 사람들
과 함께 행복하게 살게 되었다.

이 이야기에서 맨 처음 등장하는 착한 마음씨를 가진
부자는 자애로운 하느님을, 그리고 노예는 사람의 영혼
을 뜻한다.
그리고 그가 오르게 된 첫 번째 섬은 이 세상이며, 그곳
에서 살고 있던 마을 사람들은 인류이다.
일 년 후에 쫓겨나서 가게 된 사막과도 같은 외딴 섬은
죽음 이후의 내세이다.
또한 그가 심은 꽃과 과일나무들은 선행을 상징하는 것
이다.

잔치에 초대받은 두 신하

Fine clothes may disguise,
but foolish words will disclose a fool.

어리석은 사람은 좋은 옷으로도 자신의 어리석음을 가릴 수 없다.

어떤 왕이 신하들을 위해 잔치를 베풀 예정이었다. 그러나 잔치가 열리는 시간은 알려주지 않았다.

현명한 신하는 임금이 베푸는 잔치에 언제든 참석할 수 있게끔 모든 준비를 하고 대궐 앞에서 왕의 초대를 기다리고 있었다. 그러나 어리석은 신하는 잔치를 준비하려면 시간이 꽤 오래 걸릴 테니 시간이 충분하다고 생각하고, 느긋하게 행동했다.

막상 대궐에서 잔치가 열리자, 현명한 신하는 바로 참석하여 왕이 베풀어준 맛있는 음식을 즐길 수 있었다. 하지만 어리석은 신하는 잔치에 참석조차 할 여유가 없었다.

필연

Match made in heaven.

천생연분

솔로몬 왕에게는 아주 귀엽고 영리한 딸이 하나 있었다.

솔로몬 왕이 어느 날 잠을 자는데, 딸의 신랑 될 사람의 모습이 꿈속에 나타났다. 그런데 그 모습이 자기 딸과는 영 어울리지 않아 보였다.

솔로몬 왕은 두 사람의 결합이 정녕 하늘의 뜻인지를 시험해보기로 작정했다.

그리하여 자신의 딸을 작은 외딴섬에 있는 별궁으로 보낸 다음, 다른 사람과의 접촉을 금지시켰다.

별궁 주위에는 담을 높게 둘러친 것을 비롯하여 경비병을 빽빽이 배치해놓았고, 별궁 출입문 열쇠까지 회수했다.

한편, 솔로몬 왕이 꿈속에서 보았던 청년은 홀로 들판

을 헤매고 있었다. 그러다가 날이 저물어 기온이 내려
가자, 죽은 사자의 사체 속에 들어가 잠을 잤다.

그때 커다란 새가 날아와 사자를 낚아채어 날아갔다.
그러나 하늘을 날던 새는 얼마쯤 날다가 힘에 겨워지자
그만 사자를 떨어뜨리고 말았다.

그런데 사자가 떨어진 곳은 공교롭게도 바로 솔로몬 왕
의 딸이 갇혀 있는 바로 그 별궁이었다.

그 덕택에 사자의 사체 안에서 잠을 자고 있던 청년은
솔로몬 왕의 딸을 만나게 되었으며, 두 사람은 곧 서로
사랑에 빠지게 되었다.

이 세상에서 일어날 일은 반드시 일어나
고야 만다.

하늘이 맡긴 보석

안식일에 랍비가 교회에서 설교를 하고 있는 동안, 집에 있던 그의 두 아이가 갑자기 죽는 일이 발생했다.

랍비의 아내는 아이들의 시신을 2층으로 옮겨놓고, 흰 천으로 덮어두었다.

랍비가 집에 돌아오자, 아내가 조심스럽게 물었다.

"당신에게 하나 물어봐야 할 게 있어요."

아내의 느닷없는 말에, 랍비가 어리둥절한 표정을 지으며 되물었다.

"무슨 일인데, 그렇게 정색을 하고 그래요?"

아내가 말했다.

"얼마 전에 어떤 사람이 귀중한 보석을 맡기면서 잘 보관해달라고 했는데, 오늘 갑자기 다시 나타나서는 그것

What cannot be eschewed must be embraced.

피할 수 없는 것은 감수해야 한다.

을 돌려달라고 하더군요. 그래서 돌려주었어요. 내 행동이 잘한 것인지 알고 싶어요."

랍비는 별것도 아닌 일을 가지고 심각하게 질문하는 아내가 실없다는 생각을 했다.

"보석을 맡긴 주인이 돌려달라고 하면, 언제라도 돌려주는 게 도리 아니오?"

그러자 그의 아내가 참았던 울음을 터뜨리며 말했다.

"하늘이 우리에게 준 귀중한 보석 두 개를 다시 돌려달라고 하면서, 오늘 가지고 갔어요."

랍비는 그제야 아내의 말뜻을 알아차리고 아무 말도 하지 않았다.

랍비의 선행

위대한 랍비 힐렐이 급한 걸음으로 걸어가고 있었다.
학생들이 그를 발견하고 물었다.
"선생님, 무슨 일로 이렇게 급히 가십니까?"
힐렐이 대답했다.
"좋은 일을 하기 위해 급히 가고 있는 중일세."
그 대답을 듣고, 학생들이 모두 힐렐의 뒤를 따라갔다.
그런데 힐렐은 공중목욕탕으로 들어가, 자신의 몸을 씻기 시작하는 것이 아닌가. 뒤따라간 학생들이 놀라서 힐렐에게 물었다.
"선생님, 이것이 선행입니까?"
그러자 힐렐이 이렇게 대답했다.
"인간이 자신을 청결하게 하는 일이야말로 커다란 선

행이다. 로마인을 보라. 로마인은 많은 동상을 닦고 있지만, 동상을 씻는 것보다 자신을 씻는 편이 훨씬 좋은 것이다."

이스라엘과 같은 몸

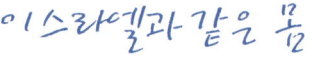

잘생긴 청년과 아름다운 처녀가 있었는데, 두 사람이 사랑에 빠졌다. 청년은 일생 동안 아가씨에게 성실하게 대할 것을 맹세하였고, 두 사람은 행복한 나날을 보냈다.

그러던 어느 날, 청년은 이 처녀를 남겨 두고 여행길에 나서야만 했다.

처녀는 오랜 동안 청년이 돌아오기를 기다렸으나, 청년은 돌아오지 않았다.

이 처녀의 친구들은 그녀를 동정했고, 그녀를 시기하고 있던 여자들은 청년이 절대로 돌아오지 않을 것이라고 비웃었다.

집으로 돌아온 처녀는 청년이 일생 동안 성실하게 대할 것을 맹세했던 편지들을 보면서 눈물을 흘렸다. 그 편지

들은 그녀의 마음을 위
로해 주었고, 힘이 되어
주었다.

어느 날 청년이 돌아오자, 처녀는 그 동안의 슬픔을 그
에게 호소했다.

청년은 "그렇게 괴로운 시간을 보내면서도 어떻게 나
만을 기다리며 정절을 지킬 수 있었소?" 하고 물었다.

그러자 처녀는 이렇게 대답하며 웃었다.

"나는 이스라엘과 같은 몸이에요."

이스라엘이 이민족의 지배를 받고 있을 때 다른 나라
사람들은 모두 유태인을 비웃었으며, 이스라엘이 독립
한다는 말을 들었을 때 그들은 이스라엘의 현인들을 바

보라고 비웃었다.

그러나 유태인은 예배당과 학교에서 이스라엘을 굳게 지켜왔다. 유태인들은 하느님이 이스라엘 민족에게 주신 거룩한 약속을 믿고 살아왔다. 하느님이 그 약속을 지켜 주셨으므로, 이스라엘은 마침내 독립했다.

이 이야기 속의 처녀도 청년이 맹세한 편지를 읽으면서 청년을 믿고 그가 돌아오기를 기다리고 있었기 때문에, 자기 자신을 가리켜 이스라엘과  같다고 말했던 것이다.

하늘지붕

유태인 사회에서는 남자아이가 태어나면 삼나무 묘목을 심고, 여자아이가 태어나면 소나무 묘목을 심는 풍습이 있다.

그리고 두 사람이 결혼할 때, 그 삼나무 가지와 소나무 가지로 하늘지붕을 만들어 두 사람을 덮어준다.

신부가 하늘지붕 밑으로 들어가는 것은 누구나 알고 있으나, 그 다음에 하늘지붕 밑에서 어떤 일이 일어나는가에 관해서는 누구도 말하지 않는다.

유태의 은둔자

만일 유태인이 인간 세상을 떠나 10년 동안 오직 한 가지만 공부했다면, 그는 10년 후에 하느님께 제물을 바치고 용서를 빌어야 할 것이다.
왜냐하면 아무리 훌륭한 공부라 해도 인간사회로부터 자기 자신을 고립시키는 것은 죄악이기 때문이다.
그래서인지 유태인 사
회에는 은둔자가
없다.

유태의 신(神)

어떤 배에 각국에서 온 사람들이 함께 타고 있었다.

그런데 갑자기 폭풍이 몰아쳤다. 사람들은 제각기 자기
나라에서 자기가 믿고 있는 신에게, 자기 방식대로 기
도하기 시작했다. 그러나 폭풍은 점점 더 심해질 뿐이
었다.

그러자 사람들은 일제히 유태인을 나무랐다.

"당신은 어째서 기도를 하지 않는 것입니까?"

많은 사람의 비난을 받은 유태인이 기도를 하기 시작하
자, 신기하게도 폭풍이 곧 잠잠해졌다.

배가 항구에 닿자 사람들이 물었다.

"우리들이 정성껏 기도할 때는 아무런 효과도 없었는
데, 당신이 기도를 하자 폭풍이 잠잠해졌으니 도대체

어찌된 영문입니까?"

그러자 유태인이 대답했다.

"나도 잘 모르는 일입니다. 그러나 여러분들은 제각기
여러분들의 고장에서 믿고 있는 신에게 기도를 했습니
다. 바빌로니아 사람은 바빌로니아 신에게 기도하고,
로마 사람은 로마 신에게 기도했습니다. 그런데 바다는
어느 나라에도 속해 있지 않습니다. 우리 유태의 신은
우주 전체를 지배하시는 위대한 신이기 때문에, 바다에
서 기도한 나의 소원을 들어주신 것으로 믿습니다."

자식 (子息)

어떤 사람이 아들에게 유서를 남겼다.

'나의 전 재산을 아들에게 물려주되, 아들이 정말 바보가 되기 전에는 유산을 물려줄 수 없다.'

이 소식을 들은 랍비가 그에게 와서 이유를 물었다.

"정말 이해할 수 없는 유언이군요. 당신의 아들이 정말 바보가 되지 않는 한 재산을 물려줄 수 없다니, 도대체 무슨 까닭입니까?"

그러자 그 사람은 아무 말 없이 갈대를 입에다 물고 괴상한 울음소리를 내며 마루 위를 엉금엉금 기어 다녔다. 이와 같은 그의 행동은, 자기 아들이 자식을 낳은 후 그 자식을 귀여워하면 자기의 전 재산을 상속시키겠다는 것을 암시하고 있었다.

'자식이 태어나면 인간은 바보가 된다'는 속담은 여기에서 비롯된 것이다.
유태인에게 자식은 매우 소중한 존재로서, 부모들은 자식을 위하여 모든 것을 희생한다.

하느님이 유태민족에게 십계명을 내리면서, 그들로부터 반드시 십계명을 지키겠다는 맹세를 받고자 했다.
그래서 유태인들은 그들의 위대한 조상인 아브라함과 이삭과 야곱의 이름을 걸고 반드시 십계명을 지키겠노라고 맹세했다. 그러나 하느님은 허락하지 않았다.
다시금 유태인들은 앞으로 손에 넣게 될 모든 부귀를 걸고 맹세했지만, 하느님은 역시 허락하지 않았다.
마지막으로, 유태인들은 자식들에게 반드시 십계명을 전하겠노라고 자식들을 앞세워 맹세했다.
그러자 하느님은 비로소 허락하여 십계명을 내렸던 것이다.

죽음

화물을 가득 실은 두 척의 배가 바다에 떠 있었다. 그 중 한 척은 막 출항 차비를 하고 있었고, 또 한 척은 방금 항구에 입항한 상태였다.

이러한 경우, 대부분의 사람들은 출항하는 배에 대해서는 떠들썩하게 환송을 하지만, 반대로 입항하는 배에 대해서는 별다른 환영의 모습을 보이지 않는다.

〈탈무드〉에서는 이러한 것을 대단히 그릇된 습관으로 지적하고 있다.

출항하는 배의 앞날은 풍랑을 만나 어떤 고난을 당할지도 모른다. 그런데도 떠들썩하게 환송하는 것은 이상하지 않느냐고 지적한다.

하지만 오랜 항해를 끝내고 무사히 귀항한 배는 진정으

He who has health, has hope;
and he who has hope, has everything.

건강이 있는 사람에게는 희망이 있고,
희망이 있는 사람에게는 모든 것이 있다.

로 기쁘게 영접해 주어야 한다. 이 배야말로 어려운 모
든 역경을 뚫고 맡은 바 책임을 완수했기 때문이다.

우리가 살아가는 인생길의 경우도 이와 같다고 할 수
있다.

우리는 갓 태어난 아이에게 많은 축복을 보낸다. 하지
만 갓 태어난 아이야말로 앞으로 어떠한 고난을 겪을
지, 또는 얼마 못 살고 도중에 죽을지, 아니면 흉포한
살인범이 될지 아무도 모른다.

이제 막 항해를 떠나는 배와 같은 아이에게 축복을 보
내는 것은 분명 모순이 있다.

진정한 축복은 사람이 죽음이란 영원한 잠에 들어갈 때
보내야 한다. 그가 험난한 인생을 어떻게 헤치며 살아
왔는지를 많은 사람들이 알고 있으므로, 이때에야말로
진정한 축복을 보내야 하는 것이다.

교사

유태인의 가정에서는 아버지가 자식들에게 〈탈무드〉
를 가르친다. 그런데 이때 아버지가 자주 화를 내거나
지나치게 엄하게 다루면, 자식들은 아버지가 무서워서
배울 마음을 상실하게 된다.

히브리어의 '아버지' 라는 말에는 '교사' 의 뜻이 포함
되어 있다. 가톨릭에서 신부를 'father' 라고 부르는 까
닭도 그 말이 지닌 히브리어적인 뜻 때문이다.

유태인 사회에서는 아버지보다 교사를 더욱 존귀하게
생각한다.

만일 아버지와 교사가 함께 감옥에 갇혔는데 그 중 한
사람만을 구해낼 수 있는 상황이라면, 아이들은 교사를
데리고 나온다.

To accomplish great things,
we must dream as well as act.

위대한 업적을 이루려면 활동을 하는 데 만족해서는 안 되고
반드시 꿈을 꾸어야 한다.

유태인에게는 지혜와 지식을 전해 주는 교사가 누구보
다도 귀한 존재이기 때문이다.

착한 사람

세상에는 네 가지 필요한 것이 있다. 금과 은과 철과 구리다. 이것들은 절대 그 대용품을 찾을 수가 없다.

이처럼 결코 다른 어떤 것으로도 바꿀 수 없으면서 꼭 필요한 것은, 바로 착한 사람이다.

〈탈무드〉에 따르면, 착한 사람은 큰 야자나무처럼 무성하게, 레바논의 큰 삼나무처럼 늠름하게 하늘높이 치솟아 있는 존재다.

야자나무는 한번 잘라 버리면 다음에 싹이 터 자랄 때까지 4년이란 세월이 걸리고, 레바논의 삼나무는 아주 멀리에서도 볼 수 있을 만큼 높게 자란다.

자선

〈탈무드〉 시대의 유태인 가정에서는 안식일 전날인 금요일 저녁에 반드시 어머니가 촛불을 켠다. 그리고 아버지는 아이들의 머리에 손을 얹고 축복을 한다.

유태인 가정에서는 촛불을 켤 때, '유태민족 기금(Jewish National Fund)'이라고 쓴 상자를 준비한다. 이때 아이들에게는 미리 동전이 주어지고, 어머니가 불을 붙이면 아이들은 그 돈을 상자에 넣는다. 이런 방법으로 유태인들은 어릴 때부터 자선 행위를 가르친다.

금요일 오후에는 가난한 사람들이 자선을 받기 위해 부잣집을 차례로 방문한다. 그러면 부잣집의 부모는 자신이 직접 돈을 건네주지 않고, 반드시 아이들에게 상자 속의 돈을 꺼내어 주도록 한다. 아이들에게 자선을 베푸는 마음을 심어주기 위해서이다.

지금도 유태인들은 세계에서 자선을 위해 가장 많은 돈을 쓰는 민족으로 인정받고 있다.

유태민족 공동체

많은 무리의 사람들이 함께 배를 타고 항해하고 있었다.
그런데 어떤 한 사람이 자기가 앉아 있는 배 밑바닥에
끌로 구멍을 내는 것이었다. 사람들이 놀라서 웅성거리
며 그를 나무랐지만, 그는 조금도 거리낌없이 이렇게
말하였다.

"여기는 내가 앉아 있는 자리니, 내가 무슨 짓을 하든
지 그건 내 자유 아닙니까?"

얼마 후에 구멍으로 물이 들어와 배는 가라앉았고, 구
멍을 낸 사람을 포함해 모두가 물에 빠지고 말았다.

〈탈무드〉에서는, 유태인들은 모두가 가족이며 가까운
형제라고 가르친다. 가족과 형제가 어떻게 되든 상관없
이 자기 혼자 생각으로 마음대로 행동한다면, 유태인의
이름에 먹칠하는 것이다.

화합

JCC(유태인 공동체 센터)는 유태인 사회에서는 보기 드문 단체 가운데 하나이다. 이 단체는 순수한 유태인들만으로 만들어진 단체가 아니기 때문이다.

이곳에는 러시아, 영국, 프랑스, 이스라엘, 미국계 등 여러 계통의 유태인들이 작은 단위로 소그룹을 이루고 있다. 그렇기 때문에 유태 계율을 엄격히 지키는 사람이 있는가 하면 그렇지 않은 사람이 있고, 또 자선에 힘쓰는 사람과 그렇지 않은 사람 등등 여러 부류의 사람들이 제각각 개성을 드러내고 있다. 따라서 무엇이라 한마디로 성격 짓기가 어렵다.

이러한 단체에서는 일종의 긴장 상태가 항상 존재할 수밖에 없다. 실제로 이 단체는 한때 두 그룹으로 분열되어 서로 반목하는 위기를 맞았었다.

이에 대해 랍비는 〈탈무드〉에 있는 한 구절을 들려주어 그들을 다시금 화합시켰다.

"한 가닥의 갈대는 쉽게 부러지지만, 갈대 백 개를 한 묶음으로 만들면 몹시 단단하다. 개들을 떼로 한데 모아 놓으면 서로 싸우지만, 늑대가 나타나면 싸움을 그치고 힘을 합친다."

살아 숨쉬는 바다

유태인은 이 세상 어느 민족보다도 불우이웃을 위한 자선을 중요시하는 민족이다.

그럼에도 불구하고 오늘날의 유태인 중 일부는 자선을 하라고 꼭 권해야만 하는 경우가 있을 뿐 아니라, 강요를 받지 않으면 자선에 조금도 애쓰지 않는 사람들도 있다.

이런 경우를 만나면 랍비는 다음과 같은 말을 해 준다.

이스라엘의 요단강 근처에는 큰 호수 둘이 있다. 그 하나가 사해(죽은 바다)이고, 다른 하나는 히브리어로 '살아 숨쉬는 바다' 라고 불려지는 호수이다.

사해는 다른 곳에서 물이 들어오기는 하지만 빠져나가

지는 않는다.

'살아 숨쉬는 바다'는 다른 곳에서 물이 들어오기도 하고, 다른 곳으로 빠져나가기도 한다.

자선을 베풀지 않는 사람은 사해다. 돈이 들어오기만 하고 나가지를 않는다. 사해에서는 아무것도 살지 못한다. 자선을 베푸는 사람은 '살아 숨쉬는 바다'다. 돈이 들어오기도 하고 나가기도 한다. 그 바다에는 온갖 생물이 살고 있다. 우리는 '살아 숨쉬는 바다'가 되어야 한다.

랍비

과거 로마인들이 유태민족을 억압하던 시절, 그들은 유
태인을 말살하기 위한 갖가지 방법을 생각해 냈다. 이
를테면, 유태인 학교를 폐쇄시키고, 예배와 민족적인
축제를 금하고, 책을 불태우고, 랍비의 교육까지도 금
하였다.

랍비 교육이 끝나면, 일반 학교의 졸업식과 비슷한 랍
비의 임명식을 가진다. 그런데 당시의 로마는 이 랍비
임명식에 참석한 사람은 임명을 한 측이나 임명을 받은
측이나 똑같이 사형에 처하고, 랍비 임명식이 치러진
지역은 폐허로 만들겠다는 포고령을 내렸다. 이것은 로
마인들이 그때껏 취한 조처들 가운데 가장 악랄하면서
도 현명한 탄압 수단이었다. 그 지방이 폐허가 되는 모험을 감행하는 사람에게는 주민들 스스로 무서운 책임을 물을 것인 데다가, 유태 사회에 있어 랍비가 없어진다는 사실은 그 사회의 기능이 정지되는 것과 매한가지이기 때문이다.

랍비는 정신적 지도자임은 물론 의사요, 변호사이며, 유태인들의 모든 권위의 대변자이기도 했다. 로마인들은 바로 랍비의 이러한 점을 꿰뚫어보고 있었으므로 이와 같은 조치를 취했을 것이다.

이러한 때에 어떤 랍비가 가장 아끼는 제자 5명을 데리고 빠져나가 산속에 숨었다. 행여 거기에서 붙잡혀 죽는다 해도, 아무 상관없는 마을이 폐허가 되는 일은 없으리라고 판단했기 때문이다. 랍비가 숨은 곳은 가장 가까운 마을에서도 3km 이상 떨어져 있는 외진 곳이었다.

그곳에서 랍비는 5명의 제자를 랍비로 임명했는데, 결국 로마인들의 눈에 띄고 말았다.

걱정이 된 제자들이 "랍비님, 어떻게 하면 좋겠습니

까?" 하고 묻자, 랍비는 동요하지 않고 신념에 찬 얼굴로 대답하였다.

"나는 살 만큼 살았으니 괜찮네. 그러나 자네들은 랍비의 대를 이어가야 하니 어서 피하게."

5명의 제자들은 재빨리 몸을 피했다. 그러나 노(老) 랍비는 붙잡혀 3백 번의 칼질을 당하는 무참한 죽음을 맞이했다.

이 이야기에서도 알 수 있듯이, 랍비는 유태 사회의 상징이라 할 정도로 중요한 존재다. 1세기경부터 쓰이기 시작한 '랍비' 라는 용어는, 히브리어로 '교사' 라는 뜻을 가지고 있다.

〈탈무드〉가 어떤 위치를 차지하고 있는가를 바로 알지 않고서는 유태인의 문화를 이해하기란 불가능한 일이다. 원칙적인 면에서 보면, 모든 유태인들은 〈탈무드〉 속에 담겨져 있는 모든 가르침과 이치를 통달하지 않으면 안 되게 되어 있다.

유태인은 하루라도 〈탈무드〉에 대한 공부를 빠뜨려서

50

는 안 된다. 이것은 단순한 학문 연구를 넘어서서 종교적 의무이기도 하다. 유태인들에게는 신을 모시고 예배하는 것 자체가 곧 공부로 여겨지기 때문이다.

랍비들 사이에 정해진 서열은 없다. 또한 랍비들끼리 어떤 종류의 단체를 만들지도 않는다. 물론 어떤 랍비가 다른 랍비에 비해 더 지혜롭다고 인정되면, 자연히 그 랍비가 보다 어려운 질문이나 복잡한 의식을 주재하게 마련이다.

오늘날의 이스라엘의 종교 학교에서는 아홉 살 때 〈탈무드〉 공부를 시작한다. 종교 학교는 고등학교 과정까지 있는데, 그 동안 〈탈무드〉만을 공부한다. 따라서 종교 학교 학생들은 보통 10년 내지 15년에 걸쳐 〈탈무드〉를 공부하는 셈이 된다.

미국의 랍비 양성 학교에 들어가기 위해서는 먼저 일반 대학에서 학사 학위를 얻어야 한다. 랍비 양성 학교는 대학원에 해당하기 때문이다. 그러므로 입학시험도 매우 엄격하다.

입학시험 과목을 보면 성서, 히브리어, 아랍어, 역사 (4000여 년에 걸친 유태인 역사), 유태 문학, 법률, 심리학, 설교학, 교육학, 처세학, 철학 등이 있으며, 이것 외에도 몇 편의 논문도 써야 한다. 이러한 과목들은 어느 것이고 매우 어려운 시험이다. 게다가 졸업할 때는 4년에서 6년에 걸쳐 배운 것에 대한 최종 시험을 또 치러야 한다.

이 모든 과목 중에서 가장 기본이 되고 동시에 핵심을 차지하고 있는 것은 물론 〈탈무드〉이다. 강의 시간의 절반 이상이 〈탈무드〉 공부에 배정된다. 그리고 〈탈무드〉 이외의 과목은 교수에 의한 강의로 진행되지만, 〈탈무드〉만은 일반 교직자가 아닌 탁월한 지혜의 인격자가 맡게 된다.

졸업의 관문을 통과한 사람은 2년 동안 학교를 위해 봉사해야 한다. 2년간 종군 랍비로서 봉사하거나, 랍비가 없는 마을에 가서 봉사하는 것이다. 그리고 2년간의 봉사가 끝나면 두 길 가운데 하나를 선택할 수 있다. 하나는 대학에서 교편을 잡는 것이고, 다른 하나는 유태인 사회의 랍비가 되는 것이다.

유태교의 교구(敎區)는 저마다 독립되어 있기 때문에 가톨릭교회처럼 랍비가 교단의 지시에 따라 각지로 전근되어 다니는 일은 없다. 세계 여기저기의 유태인 사회에서 랍비 양성 학교로 봉급 등 대우 조건과 함께 추천 의뢰서를 보내온다. 그러면 학교의 사무국에서는 희망하는 랍비를 그 지역에 보내 면접을 거치게 한다.

각 지역사회가 어느 랍비를 채용하든지 자유이며, 랍비들 또한 얼마든지 자기 뜻에 맞는 지역을 선택할 수가 있다. 이런 과정을 거쳐 계약이 이루어지면, 지역사회의 회당에 소속된 랍비가 된다. 보통 임기는 2년이며, 보수나 그 밖의 생활에 필요한 조건은 쌍방의 합의에 의해 맺어진다.

유태인은 회당이 없는 곳에서는 살 수 없다. 매일 아침

53

일어나 세수하고 밥을 먹는 것처럼 유태인에게 회당은 하나의 일상사이며, 아이들을 위한 유태인 학교를 반드시 세워야 한다. 일반적으로 유태인이 20여 가구만 되면 회당을 세우고, 이를 맡을 랍비를 초빙하게 된다. 물론 한 지역사회에 여러 명의 랍비가 있어도 좋지만, 그것은 어디까지나 그 지역에 얼마나 많은 유태인이 살고 있는가에 따라 정해지는 것이다.

오늘날 랍비가 맡고 있는 역할은 유태인 학교의 책임자이자 회당의 관리자며 설교자다. 랍비는 유태의 4000년 전통을 다른 이들을 대신하여 연구하고, 태어나서 죽을 때까지의 유태인 사회의 크고 작은 문제들을 해결해 주는 역할을 한다. 그래서 아이가 태어나면 랍비를 초빙하고, 결혼하거나 죽었을 때도 랍비를 불러 조언을 듣게 된다. 좋은 일이든 나쁜 일이든 유태인 사회에서 일어나는 모든 일에 동참하는 랍비는 학자이며, 선생이며, 그 지역에서 존경받는 인물이다.

기록에 의하면, 15세기까지 랍비는 무보수의 봉사자였

54

다. 그래서 대부분의 랍비는 따로 생업을 가지고 있었다. 그러나 15세기 이후부터는 지역사회가 이들의 생활을 책임지게 되었다.

유태인들에게는 가톨릭교회의 교황과 같은 절대 권위자는 존재하지 않는다. 그들에게 있어 최고 권위자는 바로 〈탈무드〉일 뿐이다. 그래서 〈탈무드〉에 대한 공부가 권위의 척도가 되고 있다.

바로 그 〈탈무드〉에 대한 지식에 있어 탁월한 사람이 랍비이며, 따라서 랍비는 유태인들의 존경을 받는 것이다.

인생

● 모든 사람의 조상은 하나다. 따라서 이 세상에 다른 사람보다 우월한 사람은 없다.

만약 어떤 사람이 다른 사람을 죽인다면, 그는 모든 사람을 죽인 것과 같다. 마찬가지로 누군가의 목숨을 구한다면, 그것은 모든 사람을 구한 것과 같다.

이 세상은 한 명의 사람으로부터 시작되었다. 그러므로 사람을 죽인다는 것은 최초의 사람을 죽이는 것과 진배없다. 그렇다면 오늘날의 인류는 존재하지 못했을 것이다.

● 인간은 환경에 의해서 명예가 높아지는 것이 아니다. 환경이 인간에 의해서 명예가 높아지는 것이다.

● 젊은 나이에도 늙은 사람이 있다.

● 진실이란 듣기에 힘겨운 것이다. 따라서 진정으로 젊은 사람이야말로 그것을 옮길 수가 있다.

● 눈으로 볼 수 없는 것보다는, 마음으로 볼 수 없는 것이 더 두려운 것이다.

● 자신의 결점에만 신경 쓰다보면 다른 사람의 결점을 보기가 어렵다.

● 부끄러움을 모르는 것과 자기 자랑만 늘어놓는 것은 매한가지이다.

● 다른 사람을 칭찬할 줄 아는 사람이야말로 칭찬을 받을 만한 사람이다.

● 누구를 만나든, 무엇인가를 배울 수 있는 사람이 이 세상에서 가장 현명한 사람이다.

● 강한 사람은 스스로를 지배할 수 있는 사람이다. 적을 친구로 만들 수 있는 사람 역시 강한 사람이다.

● 꾀가 있다는 것은, 아무리 머리를 써도 빠져나오기 힘든 곤경에서 빠져나올 수 있다는 말이다.

● 진정한 부자는 자신이 갖고 있는 것에 대해 만족할 줄 아는 사람이다.

● 먹을거리를 함부로 다루는 사람은 배고픔이 무엇인지를 모르는 사람이다.

● 변변치 못한 사람은 다른 사람의 수입에만 관심을 두고, 정작 자신의 손해에 대해서는 관심을 두지 않는다.

● 1일 동안 공부하지 않은 것을 다시 하려면 2일이 걸린다. 2일 동안 공부하지 않은 것을 다시 하려면 4일이 걸린다. 1년간 공부하지 않은 것을 다시 하려면 2년이 걸린다.

사람

● 백성의 소리가 곧 하느님의 소리이다.

● 사람은 세 종류의 이름을 갖는다. 태어났을 때 부모로부터 받은 이름과 친구들이 붙여준 우정어린 이름, 그리고 생애를 끝마쳤을 때 받는 명성이 그것이다.

● 사람이 사는 세상은 진실과 도덕과 평화의 세 가지 근본 위에 서 있다.

● 사람은 심장(마음) 가까이에 젖이 있으나 동물들은 비교적 심장에서 떨어진 곳에 젖이 있다. 이것은 하느님이 베풀어준 깊은 배려의 덕이라 할 수 있다.

● 사람이 휴일을 위해 존재하는 것이 아니라, 휴일이 사람을 위해 존재하는 것이다.

● 반성할 줄 아는 사람이 서 있는 땅은 위대한 랍비가

서 있는 땅보다 더 성스럽다.

● 거짓말쟁이에게 가장 큰 벌은 그가 진실을 말해도 다른 사람들이 믿어주지 않는다는 것이다.

● 사람들은 남들의 가벼운 피부병은 걱정하면서도 자기 자신의 깊은 병은 알아차리지 못한다.

● 사람은 20년에 걸쳐 배운 것이라도 단 2년 만에 잊어버릴 수 있다.

가정

● 여자와 대화를 나누어보지도 않고 결혼하는 것은 옳지 않다.

● 아내가 될 사람을 고를 때는 겁쟁이가 되어야 한다.

● 남자의 집은 곧 아내이다.

● 남자는 결혼하는 순간부터 죄가 늘어난다.

● 세상에서 가장 행복한 사람은 현명한 아내를 가진 남자이다.

● 진정 서로 사랑하는 부부에게는 칼날만큼 좁은 침대도 편안하지만, 서로 미워하는 부부에게는 아무리 큰 침대라도 비좁고 불편하다.

● 쓸데없이 아내를 학대하지 마라. 하느님이 아내의 눈물방울을 하나하나 세고 계신다.

● 여러 가지 병 가운데서 마음의 병만한 병은 없다. 마찬가지로 여러 가지 악 중에서 악처의 악만한 것도 없다.

● 세상의 그 무엇과도 바꿀 수 없는 것이 있다면, 그것은 젊어서 결혼하여 함께 고생하며 늙은 아내이다.

● 집안에서 저지른 부도덕한 행동은 마치 과일에 날파리 꼬이듯이 금방 널리 퍼진다.

● 자식은 부모의 언행을 따라 한다. 그러므로 자식의 말투로 부모의 성격을 알 수 있다.

● 자식과 약속을 했다면, 그 약속은 반드시 지켜야 한다. 만약 약속을 지키지 않는다면, 아이들에게 거짓말을 가르치고 있는 셈이다.

● 자식을 키울 때 차별을 두어 가르치면 안 된다.

● 자식이 어릴 때는 엄히 가르쳐야 하지만, 그렇다고 자식이 두려움을 느낄 정도로 가르치는 것은 옳지 못하다.

● 자식을 꾸짖을 때는 엄히 꾸짖되, 한번으로 끝내야

한다. 똑같은 문제로 계속 꾸짖는다면 잔소리로 들릴 뿐 그 결과가 좋지 않다. 또한 다 자란 뒤에는 작은 일로 꾸짖지 말라.

● 자식은 아버지를 경외하도록 가르쳐야 한다.

● 자식이 아버지가 앉는 자리에 앉는 것은 옳지 못하다.

● 아버지가 다른 사람과 언쟁을 벌이고 있을 때, 자식이 다른 사람의 편에 서는 일은 옳지 못하다.

● 자식들이 아버지를 존경하고 순종하는 까닭은 아버지가 자식들의 의식주를 해결해 주기 때문이다.

친구

● 신붓감을 고를 때는 눈높이를 한 단계 낮추고, 친구
를 고를 때는 한 단계 높여라.

● 친구가 화를 낼 때 그를 달래지 마라. 슬픔에 잠겨
있을 때도 그를 달래지 마라.

우 정

● 친한 친구가 채소를 가지고 있으면, 그에 필요한 고기를 보태주어라.

● 친한 친구가 꿀처럼 달콤하다고 해도, 그 꿀을 완전히 빨아먹어서는 안 된다.

여자

● 남자가 여자보다 이성에게 더 쉽게 끌리는 것은, 자신의 잃어버린 갈비뼈를 다시 찾으려 하기 때문이다.

● 하느님이 처음 창조한 인간은 양성의 특징을 갖고 있었다. 그래서 남자의 몸에는 여성 호르몬이, 여자의 몸에는 남성 호르몬이 있는 것이다.

● 여자는 사랑의 열정 때문에 결혼한다. 그러나 그 열정은 결혼생활보다 오래 지속되지 않는다.

● 사랑에 눈이 멀면, 다른 사람의 충고는 귓등으로라도 들으려 하지 않는다.

● 여자는 남자보다 정이 많다.

● 여자의 육감은 남자보다 훨씬 뛰어나다.

● 여자는 미신에 잘 빠진다.

● 여자는 외모를 무엇보다도 소중하게 여긴다.

● 여자가 가지고 있는 질투심의 원인은 한 가지밖에 없다.

● 순수하지 못한 동기로 시작한 사랑은, 그 동기가 사라지는 순간 곧바로 식는다.

● 여자에게도 한 잔의 술은 좋다. 그러나 두 잔은 여자의 품위를 잃게 하며, 석 잔은 여자를 부도덕하게 만들기도 한다. 만약 넉 잔이라면 그것은 여자의 파멸을 의미할 수도 있다.

● 어떤 남자이든 여자의 빼어난 아름다움에는 오래 버틸 수가 없다.

● 여자는 불합리한 신앙에도 잘 빠진다.

판사

● 판사는 반드시 진실과 평화를 동시에 추구해야 한다. 만일 진실만을 추구한다면 평화가 사라진다. 그러므로 진실을 추구하면서도 동시에 평화를 지킬 수 있는 방법을 찾아야 한다. 그렇게 할 수 있는 가장 좋은 방법은 바로 중용이다

● 판사가 되려는 사람은 판사가 되기까지의 이력이 깨끗해야 한다. 그리고 판사가 되고 난 다음에도 언제나 겸손하고 선하게 행동해야 하며, 정확한 판단력과 위엄을 갖추어야 한다.

Part 2

더불어사는 삶

보트의 구멍

어떤 사람이 작은 보트 한 척을 가지고 있었다. 그는 따뜻한 날이면 식구들을 호수로 데리고 가서 함께 뱃놀이도 하고 낚시를 즐기기도 했다.

어느 해였다. 날씨가 추워지기 시작하자 그는 보트를 뭍으로 끌어올렸다. 그런데 보트 밑바닥에 구멍이 하나 작게 뚫려 있는 것이 눈에 띄었다. 그러나 겨울이 지난 다음 날씨가 따뜻해지면 고쳐도 되겠거니 하는 생각으로, 구멍 난 바닥을 고치지도 않은 채 사람을 시켜 페인트칠만 새로 해두었다.

어느덧 시간이 흘러 다시 봄이 되었다. 아이들이 보트를 호수에 띄우자고 조르자, 그는 보트에 구멍이 나 있었다는 사실을 까맣게 잊고 무심결에 허락하고 말았다.

Did universal charity prevail,
earth would be a heaven and hell a fable.

자선이 이 세상에 두루 보급된다면 이 세상은 천국이 될 것이고,
지옥은 우화의 세계가 될 것이다.

아이들이 보트를 타러 나간 지 두 시간 가량 지났을 때,
그제야 보트에 구멍이 뚫려 있었다는 사실이 불현듯 떠
올랐다.

수영을 할 줄 모르는 아이들이 걱정이 되어, 그는 황급
히 밖으로 튀어나갔다.

호숫가로 달려가니까, 이미 뱃놀이를 즐긴 아이들이 보
트를 다시 끌고 돌아오고 있었다.

그는 한시름을 던 다음, 보트 밑바닥을 유심히 살펴보
았다. 그런데 보트 밑에 뚫려 있던 구멍은 이미 막혀 있
는 것이었다. 페인트공이 보트에 페인트를 칠하면서 고
쳐놓은 것이 분명했다.

그는 고마운 마음을 전하기 위해 선물을 들고 페인트공

을 방문했다. 그러나 페인트공은 한사코 그가 주는 선물을 사양하며, 이렇게 말했다.

"페인트칠을 한 대가는 이미 받았습니다. 그러니 이 선물은 받을 수가 없습니다."

그는 페인트공의 순박함에 다시 한번 감사의 뜻을 표시했다.

"정말 고맙습니다. 부탁도 하지 않았는데, 구멍 난 곳까지 손질을 해준 덕택에 제 아이들이 목숨을 건졌습니다. 정말 고맙습니다."

이것은 조그마한 선행이 남에게 얼마나 큰 도움을 주는가를 보여주는 예다. 그러나 그러한 선행을 보통 사람들에게 기대하기란 정말 힘든 일이다.

초청받지 않은 사람

한 랍비가 이렇게 말했다.

"내일 아침에 여섯 사람이 모일 것입니다. 함께 해결해야 할 문제가 있습니다."

그런데 다음날 아침이 되자, 일곱 사람이 모여 있었다. 누군가 한 사람, 랍비가 초청하지 않은 사람이 와 있었던 것이다.

랍비는 그 사람을 가려내기 위해 다음과 같이 말했다.

"여기에 초청받지 않은 사람이 한 명 있습니다. 그분은 돌아가 주십시오."

그러자 그 중에서 가장 유명한 인물이며, 누가 생각해도 당연히 초청받았음직한 사람이 일어나서 밖으로 나가버렸다.

그는 왜 그랬을까? 초청을 받지 않았거나 또는 어떤 착오로 인해 오게 된 사람이 굴욕감을 느끼지 않도록 하기 위해서 스스로를 낮추었던 것이다.

백지장도 맞들면 낫다

Two heads are better than one.
백지장도 맞들면 낫다.

대궐에는 '오차'라고 하는 아주 맛있는 과일이 열리는 나무가 있었다. 왕은 두 사람을 보초로 세워놓고 그 과일나무를 잘 지키도록 명령을 내렸다. 두 사람 중 한 명은 장님이었고, 또 한 명은 절름발이었다.

그런데 이 두 사람이 한패가 되어 그 과일을 따 먹자고 작당을 했다. 장님이 절름발이를 어깨로 받치자 절름발이가 과일을 따내어, 두 사람은 맛있는 과일을 실컷 먹었다.

그 사실을 알게 된 왕은 노발대발하면서, 두 사람을 모질게 심문했다.

장님은 앞도 볼 수가 없는 자기가 어떻게 과일을 따먹을 수 있었겠냐고 변명을 했고, 절름발이는 자신의 키보다 높은 곳에 달려 있는 과일을 성치 않은 몸으로 어떻게 올라가 따먹을 수 있겠느냐고 반문했다.

왕은 반신반의하면서도, 결국 두 사람의 말에 문제가 없다는 것을 인정할 수밖에 없었다.

어떤 일을 처리할 때 두 사람이 힘을 합치면, 한 사람이 두 배로 일한 것보다 훨씬 큰 힘이 나온다.

사람은 육체나 정신 중에서, 한 가지만 가지고는 아무것도 할 수 없다. 육체와 정신의 힘을 합쳐야만, 좋은 일이든 나쁜 일이든 비로소 해낼 수가 있다.

형제간의 사랑

이스라엘에 두 형제가 살고 있었다. 형은 이미 결혼을 하여 아내도 있고 자식도 여러 명이 있었다. 그러나 동생은 아직 미혼이었다.

부지런히 농사를 짓던 두 사람은 아버지가 돌아가시자 유산을 반씩 똑같이 나누어 가졌다.

사과와 옥수수를 수확하던 날, 두 사람은 그것을 똑같이 반으로 나누어서 각자의 몫을 자기 창고에 따로따로 넣어두었다.

그날 밤, 동생은 나누어 가진 몫의 상당 부분을 형의 창고로 옮겨놓았다. 형의 집에는 식구가 많은데, 혹시 식량이 부족할까봐 염려되었기 때문이다.

그날 밤, 형도 자기 몫에서 많은 양을 떼어내어 동생의

*Love is all we have, the only way that each
can help the other.*

사랑이란 우리들이 서로 도울 수 있는 유일한 방법이다.

창고로 옮겨놓았다. 자기는 아내와 자식들도 있으니 노
후를 걱정할 필요가 없지만, 미혼인 동생은 혼자서 많
이 힘들 거라는 생각에서였다.

날이 밝은 뒤, 각자 자기 창고에 가본 두 사람은 깜짝
놀랐다. 창고에 있는 물건들의 양이 어제와 달라진 것
이 없었기 때문이다. 그 뒤로도 3일 동안 똑같은 일이
반복되자, 형제는 참으로 의아하게 생각했다.

다시 그 다음날 밤, 형과 아우는 다시 물건을 옮기기 시
작했다. 그러다가 그만 중간에서 마주치고 말았다.

형과 동생은 그제야 이유를 깨닫고, 서로를 부둥켜안고
기쁨의 눈물을 흘렸다.

두 형제가 부둥켜안고 울었던 곳은 예루살렘에서 가장
고귀한 장소로 지금까지 전해지고 있다.

낯선 동물

양을 많이 키우던 왕이 있었다. 그는 양을 방목하기 위해서 양치기까지 고용했다.

어느 날, 양과는 모습이 전혀 다르게 생긴 동물 한 마리가 양떼 속으로 들어오자, 양치기는 그 사실을 즉시 왕에게 보고했다.

"이상한 동물 한 마리가 저희 양떼 속으로 들어왔는데, 어떻게 하면 좋겠습니까?"

그러자 왕이 무덤덤하게 지시를 내렸다.

"그 동물을 각별히 잘 보살펴주어라."

양치기가 의아한 표정을 짓자, 왕이 이렇게 덧붙였다.

"내가 키우던 양이야 처음부터 내 양이었으니 별 걱정할 것이 없을 게다. 하지만 새로 들어온 그 짐승은 지금

Piety to mankind must be three-fourths pity.

인류에 대한 경애의 마음은 그 4분의 3이 연민이어야 한다.

까지 전혀 다른 곳에서 살다 왔는데도 다른 양들과 같
이 잘 지내고 있다니, 그 얼마나 기쁜 일이냐?'

유태인들은 태어난 순간부터 유태의 전통 속에서 성장
하게 된다. 그런데 유태의 전통이 아닌 다른 환경 속에
서 성장한 사람이 유태의 전통과 문화를 이해하고 받아
들이는 경우에는, 유태인들로부터 원래의 유태인보다
더 큰 존경을 받는다.

사랑의 맹세

아름다운 처녀가 가족과 함께 여행을 하고 있었다. 어느 날, 그녀는 혼자서 산책하다 그만 길을 잃고 가족과 헤어지고 말았다.

길을 찾아 여기저기 헤매 다니다 보니 그녀는 몹시 목이 탔다. 그때 멀리 떨어진 곳에 있는 우물이 어렴풋하게 눈에 띄었다. 그녀는 급히 달려가서, 앞뒤 가리지 않고 두레박줄을 타고 내려가 물을 벌컥벌컥 마셨다.

물을 실컷 마신 다음 다시 올라가려고 하니까 우물이 너무 깊어 어찌 할 수가 없었다. 그녀는 엉엉 울면서 살려달라고 소리를 지르기 시작했다.

이때 마침 우물가를 지나던 젊은이가 그녀의 비명 소리를 듣고 달려와서 그녀를 구해주었다.

He can swallow a camel but chokes on a mosquito.
낙타를 집어삼킬 것 같은 사람도 모기에 넌덜머리를 낸다.

그녀는 생명을 구해준 젊은이와 곧 사랑을 약속하게 되었다. 그러나 젊은이는 다시 길을 떠나지 않으면 안 되었다.

젊은이는 영원히 사랑하겠다고 맹세하면서, 다시 돌아오는 날 결혼하자고 약속했다.

그러나 두 사람의 주변에는 약속을 증인해줄 만한 사람이 아무도 없었다.

그때, 족제비 한 마리가 나타나 두리번거리다가 숲속으로 사라졌다.

그녀는 족제비를 본 순간 이렇게 말했다.

"지금 막 지나간 족제비와 바로 우리 옆에 있는 이 우물이 증인이에요."

두 사람은 아쉬운 작별 인사를 나누고 헤어졌다.

그녀는 그가 돌아올 날을 기다리며, 한 해 한 해 세월을 보내고 있었다. 그러나 그녀를 떠난 젊은이는 얼마 지나지 않아 딴 여자와 결혼하였으며, 사랑의 맹세 따위는 까맣게 잊은 채 아들까지 낳아 행복하게 살고 있었다.

어느 날, 그의 아이가 집밖에서 놀다가 그만 풀 위에서 잠이 들었다. 그런데 그때 갑자기 족제비가 나타나 아이의 목을 물어뜯어 죽였다. 아이가 죽자, 그와 그의 아내는 마음이 몹시 아팠다.

하지만 그 사고가 일어나고 얼마 후에 그들 사이에는 또다시 예쁜 아이가 태어났다. 그들은 다시 예전처럼 행복한 나날을 보냈다.

또다시 세월이 흘러 아이는 아장아장 걸을 수 있을 만큼 건강하게 자랐다. 그러던 어느 날, 아장아장 걷던 아이가 우물에 비치는 여러 그림자들을 신기한 듯이 들여다보다가 그만 우물에 빠져죽고 말았다.

젊은이는 아이를 둘씩이나 잃고 난 뒤에야, 자신이 옛

날에 했던 사랑의 약속이 문득 떠올랐다. 자신과 그녀
가 맹세한 사랑의 증인이 바로 족제비와 우물이었다는
사실도 또렷이 떠올랐다.

결국 그는 아내에게 자신의 과거를 모두 털어놓고 헤어
진 다음, 사랑의 약속을 했던 처녀가 있는 곳으로 돌아
왔다.

그와 결혼을 약속했던 처녀는 사랑의 맹세를 굳게 간직
한 채 그를 기다리며 아직 홀로 살고 있었다.

마침내 두 사람은 결혼해서 행복하게 살았다.

거미, 모기 그리고 미치광이

다윗 왕은 거미를 끔찍이 싫어하는 사람이었다. 지저분하게 아무 데나 줄을 치는 모습을 볼 때마다 아무짝에도 쓸모없는 벌레라고 생각하곤 했다.

이런 그가, 어느 날 전쟁터에서 적군에게 포위되어 자기 한 몸조차 빠져나갈 수 없는 상황에 처했다. 다급해진 그는 결국 동굴 속에 몸만 숨기게 되었는데, 마침 그 동굴 입구에서 거미 한 마리가 거미줄을 치기 시작했다.

그를 추격하던 적군의 병사들이 뒤따라서 바로 그 동굴 앞까지 왔다. 그러나 그들은 동굴 입구에 거미줄이 쳐져 있는 것을 보고, 안에 사람이 들어갔으리라고 생각지 않았기에 그냥 돌아갔다.

He can swallow a camel but chokes on a mosquito.

낙타를 집어삼킬 것 같은 사람도 모기에 넌덜머리를 낸다.

또 언젠가, 다윗 왕은 적장이 잠자고 있는 방에 몰래 들어가 그의 칼을 훔쳐낸 뒤, 그 다음날 아침에 자신의 용맹을 자랑하며 적장을 굴복시키겠다는 계획을 세웠다. 하지만 좀처럼 그 기회를 잡을 수가 없었다.

그러던 어느 날 밤, 그는 어렵게 적장의 침실에 잠입했다. 그런데 칼이 적장의 다리 밑에 있어서 꺼낼 수가 없었다.

할 수 없이 다윗 왕은 모든 것을 단념하고 돌아가려고 했다. 그런데 그 순간 갑자기 날아 들어온 모기가 적장의 다리에 앉자, 적장은 무의식중에 다리를 움직였다. 그 틈을 이용해 다윗 왕은 적장의 칼을 빼낼 수 있었다.

또 다른 때, 다윗 왕은 적에게 포위되어 목숨을 잃을 만큼 위태로운 절체절명의 순간을 맞았다. 이때 그는 갑자기 미치광이 흉내를 내어 그 위험한 상황을 모면했다.

적의 병사들은 그 미치광이가 설마 다윗 왕이라고는 생각하지 못했기 때문이었다.

이 세상에 전혀 쓸모없는 것이라곤 없다. 그러므로 아무리 미천하고 보잘것없어 보이는 것이라 하더라도 무시해서는 안 된다.

성공한 랍비의 눈물

고매한 성격과 탁월한 식견을 갖고 있어 많은 사람들이 우러러보던 랍비가 있었다.

그는 언행이 고결하고 친절하고 자애심이 두터웠다. 신앙심 또한 굳었으며, 주의력이 세심해서 길을 걸을 때도 개미 한 마리조차 발에 밟히지 않도록 조심했다. 그러한 그를 제자들도 진심으로 존경했다.

나이가 여든이 된 그는 어느 날 몸져누웠고, 자신의 죽음이 가까워졌음을 느꼈다.

그의 임종이 다가오자 제자들이 모두 그의 주위에 둘러앉았다. 그때 랍비는 갑자기 눈물을 흘리기 시작했다.

제자들은 깜짝 놀라 그 이유를 물었다.

"선생님, 왜 갑자기 눈물을 보이십니까? 선생님은 단

하루도 공부를 게을리 한 적이 없었고, 저희를 가르치
지 않은 날이 없었으며, 자비를 베풀지 않은 날이 없었
습니다. 하느님을 가장 깊이 공경하는 분도 바로 선생
님이십니다. 선생님은 이 나라에서 가장 존경받는 분이
고, 정치와 같은 깨끗하지 않은 세계에는 단 한 번도 발
을 들여놓으신 적이 없습니다. 선생님은 누구보다도 훌
륭하고 성공적인 삶을 사셨는데, 이렇듯 눈물을 보이시
는 까닭이 무엇입니까?"

제자들의 질문에 랍비가 이렇게 대답했다.

"그렇기 때문에 내가 우는 것이다. 마지막 순간 내 자
신에게 '너는 공부를 했는가?', '너는 자비를 베풀었
는가?', '너는 행실을 바르게 했는가?', '너는 하느님
을 공경했는가?' 하고 묻는다면, 나는 '그렇다' 하고 대
답할 수 있다. 하지만 '너는 이웃들의 보통 생활에 어
울려 본 적이 있는가?' 하고 묻는다면, 나는 '아니오'
하고 대답할 수밖에 없다. 그것이 못내 후회스러워서
우는 것이다."

가정의 평화

강연을 잘하기로 소문난 랍비가 있었다. 금요일에 열리는 그의 강연에는 많은 사람들이 찾아왔으며, 그의 설교를 듣고 감동받는 사람들이 적지 않았다.

그의 단골 청중들 중에는 여자도 한 명 있었다. 대개의 경우, 여자들은 금요일 밤이 되면 집안에서 안식일에 쓸 요리를 만드느라 바쁜 편이었다. 하지만 그녀는 랍비의 강연에 참석하는 것을 더 좋아했다.

어느 날 랍비의 강연이 좀 늦게 끝나는 바람에 그녀의 귀가가 늦어지자, 남편이 문 앞에서 야단을 쳤다.

"내일이 안식일인데, 음식을 만들어놓을 생각은 하지 않고 이렇게 늦게까지 어디를 갔다 오는 거요?"

"교회에서 랍비님의 설교를 듣고 오는 길이에요."

그녀의 말에 남편은 길길이 날뛰며 화를 냈다.

"랍비는 무슨 얼어 죽을 랍비야! 집안 살림도 제대로 못하는 주제에! 가서 랍비의 얼굴에 침이나 뱉고 와. 그러기 전까지는 집에 돌아오지 마!"

그녀는 결국 집에 들어가지 못한 채, 남편과 헤어져 친구의 집에 머물게 되었다.

이 소식을 들은 랍비는 자신의 잘못으로 한 가정의 평화가 깨졌다는 것이 몹시 마음에 걸렸다.

랍비는 눈병이 났다는 핑계로 그녀를 부른 다음, 이렇

Those that are afraid of bad luck will never know good.
불운을 두려워하는 사람들은 행운을 맛볼 수 없다.

게 부탁했다.

"다른 사람의 침으로 씻으면 이 병이 낫는다고 하니, 내 눈에 부인의 침을 뱉어주시오."

랍비의 부탁이 어찌나 간절한지, 그녀는 그의 눈에 침을 뱉지 않을 수 없었다.

그녀가 돌아가고 나서, 이것을 보고 있던 랍비의 제자들이 그녀의 무례한 행동에 대해 성토하자, 랍비가 그들을 말렸다.

"한 가정의 평화를 지키기 위해서라면 그보다 더 힘든 일을 해야 하는 경우도 있다네."

친아들

Truth always lags last, limping along on the arm of Time.

진실은 언제나 시간이라는 팔에 의지하여 절룩거리며
느릿느릿 걸어가는 것이다.

어느 부부가 아이 둘을 두고 있었다. 모두 아들이었다.
그런데 그 중 하나는 다른 남자와의 불륜으로 태어난
아이였다. 그러나 남편은 그 사실을 까마득히 모르고
있었다.

어느 날 남편은 아내가 다른 사람에게 그 사실을 얘기
하는 것을 우연히 들었지만, 누가 친아들인지는 알 수
없었다.

어느덧 세월이 흘러, 그는 병석에 눕게 되었다. 다시는
일어날 수 없는 상황이 되자, 죽음을 예감한 그는 친아
들에게 자기 재산을 물려주겠다는 유언장을 써놓았다.

그가 죽자, 랍비가 그의 유언장에 따라 누가 그의 친아

들인지를 가려내야만 했다.

랍비는 두 아들을 죽은 아버지 무덤 앞에 불러놓고 큰 막대기를 주며, 그 막대기로 무덤을 파헤쳐보라고 말했다. 그러자 한 아들이 아버지 묘를 훼손하는 불경한 짓은 할 수 없다고 극구 버텼다.

그러자 랍비가 그를 보고 말했다.

"네가 진짜 저 사람의 친아들이구나."

닮지 않은 부자

한 젊은 랍비가 아버지의 뒤를 이
어 랍비가 되었다. 그런데 누구든
그를 만나는 사람이면, 이구동성으
로 그가 자기 아버지와는 전혀 닮은 점이
없다고 입을 모았다.
"그게 대체 무슨 소리입니까?"
사람들의 말을 들은 젊은 랍비는 힘을 주어 말했다.
"그 정반대입니다. 저는 아버지를 그대로 닮았습니다.
제 아버지는 아무도 모방하지 않는 분이셨고, 저 또한
아무도 모방하지 않으니까요."

어머니

어떤 랍비가 어머니와 단둘이서 길을 가고 있었다. 그런데 길에 돌이 많고 울퉁불퉁하여 걷기가 매우 힘들었다. 그래서 랍비는 어머니가 걸음을 내디딜 때마다 자기의 손을 어머니의 발밑에 집어넣었다.

〈탈무드〉에 부모가 등장할 경우 늘 아버지를 먼저 앞세우는데, 이것은 유일하게 어머니만이 나오는 이야기이다. 어머니도 아버지와 마찬가지로 소중한 존재임을 말해 주기 위한 이야기일 것이다.

그러나 만일 아버지와 어머니가 다같이 물을 마시고 싶어한다면, 물은 아버지에게 먼저 가져간다.

왜냐하면 어머니도 아버지를 소중히 섬기므로, 어머니에게 먼저 가져갈지라도 어머니는 자기가 먼저 마시지 않고 아버지에게 건네주기 때문이다.

법률의 원칙

유태인은 새로운 법률을 만들 때 다음과 같은 원칙에
따른다.
'많은 사람들이 지킬 수 없는 부당한 법률은 만들 수
없다.'

열[10]이란 숫자

어떤 사람을 놓고 일부러 모함하는 말을 하여 그의 마음에 상처를 입혔다고 가정하자. 그런 다음에 그 사람을 만나게 되었을 때, '지난번에는 너무 흥분한 나머지 지나친 말을 하여, 본의 아니게 당신의 마음을 아프게 해드려서 정말 죄송하다'고 사과했다. 그래도 상대편이 용서해 주지 않을 때는 어떻게 하면 좋겠는가?

이런 경우를 당하면 유태인들은 '나는 며칠 전에 어떤 사람에 대해서 도리에 어긋나는 말을 하여 그의 체면을 손상시켰기 때문에 그를 찾아가 사과했으나, 그는 나를 용서하지 않았습니다. 나는 진심으로 잘못을 후회하고 있는데, 여러분은 나의 잘못을 용서해 줄 수 있겠습니까?'하고 열 명의 사람에게 묻는다.

그리고 열 명의 사람이 모두 용서해 준다고 할 때까지
용서를 빌어야만 된다.

여기서 '10'이란 숫자가 나온 이유는, 유태교의 예배당
에서는 기도드릴 때 열 명 이상의 사람이 있어야 기도
가 성립되기 때문이다. 아홉 명 이하의 수는 개인이고,
열 명이 되어야 비로소 집단이 되는 것이다.

정치적 결단이 아닌 종교적인 결정도 역시 열 명 이상
이어야 한다. 결혼식에서도 공적인 결혼식은 열 명 이
상이 되지 않으면 거행하지 못한다.

일곱 가지 계율

〈탈무드〉 시대의 유태인들은 노동이나 일상생활을 비
(非)유태인들과 함께하는 경우가 많았다.

유태인들은 비유태인들을 굳이 유태화하려고 애쓰지
않았다. 그래서 그들을 위해 선교사를 파견하는 일도
없었다.

사정이 그러했기 때문에 천사가 당부한 603가지의 계
율 역시 유태인 사회에서 가치와 의미를 가졌을 뿐, 비
유태인들에게까지 종용되거나 권유되지는 않았다.

다만 서로 간의 평화로운 관계를 유지하기 위해서 비유
태인들에게는 일곱 가지 계율만을 당부했다.

첫째, 살아 있는 동물을 죽여서 바로 날고기로 먹지

말 것.

둘째, 남을 욕하지 말 것.

셋째, 도둑질하지 말 것.

넷째, 법을 어기지 말 것.

다섯째, 살인하지 말 것.

여섯째, 근친상간을 하지 말 것.

일곱째, 불륜 관계에 빠지지 말 것.

비즈니스

〈탈무드〉는 이 세계가 점점 진보해 간다고 보고 있으며, 다가올 미래에서 비즈니스가 무엇보다도 중요한 역할을 할 것이라고 예견하고 있다. 〈탈무드〉는 이러한 비즈니스에 관련된 여러 가지 언급을 하고 있는데, 중요한 것은 비즈니스의 성공적인 측면이 아니라 도덕적인 측면을 다루고 있다는 점이다.

이를테면, 물건을 사는 사람은 아무런 보증이 없다 해도 사는 물건이 좋은 품질이어야 한다는 조건을 요구할 수 있는 권리가 있다. 물건을 산다는 것은, 곧 결함이 없는 것을 산다는 뜻이기 때문이다.

그러므로 가령 물건을 파는 사람이 반환할 수 없다는 조건을 붙였다고 하더라도, 그 상품에 결함이 발견되면 물건을 사는 사람 입장에서는 그 상품을 반환할 수 있는 권리가 있다.

이 경우 한 가지 예외가 있는데, 그것은 물건을 사는 사람이 상품의 결함을 행위 전에 인정한 다음 샀을 때이다. 가령 자동차를 팔 때 그 자동차에 엔진이 없다는 사실을 애초에 알려 주고 팔았다면, 구매한 사람은 그 자동차에 엔진이 없다는 이유를 들어 반환을 요구할 수 없다.

〈탈무드〉에 따르면, 만일 결함이 있는 물건을 팔 경우에는 반드시 구입 희망자에게 그 결함을 구체적으로 설명해 주어야 한다고 기록되어 있다. 따라서 물건을 사는 사람은 상품의 결함이나 눈가림뿐만 아니라, 물건을 파는 사람이 미처 몰랐던 실수나 잘못에 대해서도 보호받게 되는 것이다.

물건을 사고판다는 것은 두 가지 요소로 이루어진다.

첫째는 그 물건 값을 지불하는 것이고, 둘째는 그 물건이 사는 사람에게로 소유가 바뀐다는 사실이다. 그러므로 물건을 판 사람은 그 물건을 안전하게 산 사람한테 넘겨주어야 할 의무가 있다.

그리고 물건을 판매하는 사람은 파는 상품의 소유권을 반드시 갖고 있어야 한다. 그것은 혹시라도 남의 물건을 파는 절도 행위가 있어서는 안 되기 때문이다.

〈탈무드〉에서는 어디까지나 물건을 판 사람보다는 물건을 구입한 사람의 권리를 더 인정해 줌을 알 수 있다.

네 명의 아이

백성의 소리는 곧 하느님의 소리이기도 하다.
하느님은 말하였다.
"내게 네 명의 아이가 있듯이, 너희도 네 명의 아이를
가지고 있다. 너희의 네 아이는 과부, 고아, 이방인, 승
려이다. 내가 너희의 아이들을 보살펴 주고 있듯이, 너
희도 나의 아이들을 보살펴 주어야 한다."

죄악

인간이라면 누구나 죄를 저지르게 마련이다. 유태인들
은 이러한 인식을 가지고 있기 때문에, 그들의 가르침
에는 동양에서 볼 수 있는 철저한 도덕관처럼 엄격하게
짜여진 분위기는 없다.

죄를 지었다 할지라도 유태인은 변함없이 유태인이라
는 것이다.

유태인들이 이해하고 있는 죄에 대한 관념은, 이를테면
화살을 백발백중 표적에 명중시킬 능력이 있지만 간혹
명중시키지 못하는 경우가 생기는 것과 매한가지다.
즉, 원래는 죄를 지을 생각이 없었는데 어쩌다 실수를
한 것이 '죄' 라고 생각한다.

유태인은 자기가 범한 죄에 대해 용서를 구할 때에

'나' 라는 말 대신 반드시 '우리' 라고 표현한다. 자기 혼자서 지은 죄일지라도 여럿이서 함께 지은 것으로 여기는 것이다. 유태인은 누구나 개개인을 대가족 중 일원이라고 생각하기 때문에, 혼자서 범한 죄도 가족 전체가 범한 죄로 간주되는 까닭이다.

그러므로 비록 자기 자신은 남의 것을 훔치지 않았더라도 누군가에 의해 절도행위가 일어났다면, 같이 하느님께 잘못을 빌어야 한다.

그가 누구든, 다른 사람이 도둑질을 한 것은 자신의 자선행위가 부족한 탓으로 돌리는 것이다.

사람의 손

사람은 이 세상에 태어날 때 두 손을 꼭 쥐고 있다. 그러나 죽을 때는 이와 반대로 두 손을 펴고 죽는다. 왜 그럴까?
태어날 때는 이 세상 모든 것을 움켜잡으려고 하기 때문이고, 죽을 때는 뒤에 남아 있는 사람들에게 가지고 있던 모든 것을 내주어 빈손이기 때문이다.

담보

만약 어떤 사람이 돈을 빌릴 때는 돈을 빌려줄 사람에게 담보를 설정해야 한다. 〈탈무드〉에서는 이러한 담보물이 둘 이상 있을 경우에 한하여 자기의 소유로 할 수 있다고 밝히고 있다.

가령 옷을 담보로 잡아 돈을 빌려 주었는데, 채무자에게 옷이 한 벌밖에 없을 경우에는 그것을 취할 수가 없다. 마찬가지로 집을 담보로 잡았는데 채무자가 그 집이 없을 경우 길거리에 나앉아야 할 형편이라면 아무리 채권자라 해도 그 집을 자기 소유로 할 수가 없다.

그러나 단 하나밖에 가지고 있지 않은 것이라 해도, 그것이 사치품일 경우에는 예외가 된다. 즉 생계를 유지하기 위한 필수품이 하나뿐일 때는 가질 수 없다는 것

110

이다.

당나귀 한 마리를 담보로 설정했는데, 그것을 생계를 위해 부리고 있다면 가질 수가 없다. 다만 채무자가 당나귀를 사용하지 않는 밤에는 그 당나귀를 채권자가 부릴 수 있다.

의복을 담보로 잡았을 경우, 추운 밤이 되면 그 옷을 되돌려주어야 한다. 그러나 채무자가 저녁에 그 옷을 찾으러 가는 것은 금지되어 있다. 채권자가 돌려주러 가야 하는데, 이는 인간의 자존심을 지켜주기 위해서이다.

성(性)

〈탈무드〉에서는 성(性)을 일컬어 '생명의 강'이라고
한다.
강물은 때로는 홍수를 일으키고 온갖 것을 파괴하기도
하지만, 때로는 갖가지 풍성한 열매를 맺게 하며 이 세
상에 유익을 주기도 한다.

부부관계

월경 중에는 아내에게 성관계를 요구해서는 안 된다.
월경 후에도 7일간은 금지되어 있다.
아무리 부부 사이라 해도 이 기간에는 절대로 관계를
가질 수 없기 때문에 그 동안 서로에 대한 그리움이 깊
어지게 된다. 따라서 금지 기간이 지나면, 부부는 새로
운 밀월 관계를 유지할 수 있게 되는 것이다.

피임

〈탈무드〉시대부터 랍비들은 피임법에 정통했던 듯싶다. 누구는 어떤 피임법을 쓰는 것이 좋겠다든지 하는 등을 모두 랍비가 맡아 지도하였는데, 피임은 여자들만이 했다.

〈탈무드〉에는 피임을 해도 괜찮은 경우가 세 가지로 언급되어 있다. 이미 임신을 하고 있는 여자, 어린아이를 키우고 있는 여자, 그리고 나이어린 여자의 경우였다.

그 당시 랍비들의 지식으로는 임신 중에도 또 임신하게 되는 경우가 있으리라고 생각하고 있었다. 그리고 어린아이를 키우고 있는 어머니는 네 살이 될 때까지는 아이를 보살펴 주는 것이 당연하다고 여겼다. 그래서 4년

안에 또 임신을 하는 것은 별로 장려되지 않았다. 어린 여자의 경우는, 설혹 그녀가 결혼을 하였다 할지라도 임신은 몸에 해롭다고 생각했기 때문이다.

이 밖에 흉년이 들었을 경우, 전염병이 퍼지고 있을 경우 등에도 피임을 권장하였다.

동성애

랍비들에게 있어서 동성애는 용서할 수 없는 죄의 행위
였다. 그리고 실제로 유태인에게는 동성애의 예가 극히
드물었다.

'억세게 강인한 아버지'와 '자상하고 인자한 어머니',
이것이 유태인 남녀의 이상적인 모습으로 간주되어 왔
기 때문이다.

갑과 을, 두 사람이 있었다. 그런데 갑이 을에게 물레방아를 빌려 주었다. 을이 갑의 물레방아를 사용하는 대신, 갑의 곡식을 모두 무료로 찧어주는 것을 조건으로 삼았다.

그러는 동안에 갑은 많은 돈을 벌어서 다른 물레방아를 몇 개 더 샀기 때문에, 곡식 찧는 일을 을에게 맡길 필요가 없게 되었다.

상황이 이렇게 바뀌자, 어느 날 갑은 을에게 가서 임대료를 돈으로 달라고 했다. 그러나 을은 갑의 곡식을 찧어주는 것을 임대료 대신으로 하고 싶어했다.

이런 경우에 어떻게 하면 좋을까?

〈탈무드〉는 다음과 같이 판결한다.

만일 을이 갑의 곡식을 찧어주지 않고서는 임대료를 지불할 능력이 없다면, 처음 했던 계약대로 임대료 대신 갑의 곡식을 계속 찧어주어야 한다. 그러나 갑이 아닌 제3자의 곡식을 찧어서 번 돈으로 임대료를 지불할 수 있다면, 돈으로 지불해야 한다.

도둑질과 벌금

갑이라는 유태인이 남의 돈 100만 원을 훔쳤다고 가정해 보자. 갑은 랍비의 재판을 통해 유죄를 선고받고 벌금을 가산하여 110만원을 갚도록 판결을 받았다. 갑이 그 판결에 승복하여 110만원을 모두 갚았다면, 유태인 사회에서는 갑을 다시금 전혀 전과가 없는 결백한 사람으로 대우해 준다. 그런데도 돈을 잃었던 쪽에서 그 돈을 모두 돌려받은 뒤에 갑을 계속해서 도둑이라고 손가락질을 한다면 비방한 쪽이 나쁜 사람이 된다.

대개 이런 경우 벌금은 약 20%를 웃돌게 되는데, 이때 엄격한 규칙이 적용된다. 예를 들면 무엇을 훔쳤는가, 그것을 사용하여 돈을 벌었는가, 훔친 시간이 밤인가 낮인가 아침인가 등으로 여러 가지 조건과 정황에 따라 벌금이 각각 달라지는 것이다.

〈탈무드〉에서는 말을 훔쳤을 때 가장 많은 벌금을 물리도록 되어 있다. 훔친 말을 사용하여 돈벌이를 할 수도 있으며, 반대로 말을 잃은 사람은 그만큼 어려움을 겪게 되기 때문이다. 말의 효용 가치를 오늘날의 관점에서 따져본다면 화물차가 되겠는데, 이 경우에는 400% 이상의 벌금을 물게 된다. 그리고 대개는 말보다는 당나귀를 훔친 경우가 벌금이 더 적다. 말은 순종을 잘하는 동물이어서 그만큼 훔치는 것이 용이해서이다. 도둑질에 대한 벌금을 정할 때는 도둑질을 한 당사자의 처지도 참작된다. 굶주림에 견디다 못해 저지른 일이라면 20% 정도로 비교적 적은 벌금이 부과된다.

옛날 이스라엘에서는 돈과 벌금을 갚지 않으면 그에 해당하는 노동을 통해 탕감하도록 되어 있었다. 최악의 경우에는 감옥에 가두기도 했는데, 그러나 감옥에 감금하는 것은 근본적인 해결책이 아니라는 것이 유태인들이 가지고 있는 사고방식이다.

이혼을 면한 부부

결혼 10년을 맞이한 부부가 있었다. 이들은 겉보기로는 퍽 행복하고 다정해 보이는 한 쌍이었다.

그러던 어느 날 남편 되는 사람이 랍비를 찾아가 이혼을 허락해 달라고 요청했다. 랍비도 그 부부를 이미 알고 있었으므로, 결혼생활에 어떤 문제가 있으리라고는 전혀 짐작하지 못하고 있었다.

남편이 이야기하기를, 부부 사이에 아이가 없는 탓에 친척들로부터 이혼을 강요받아 왔다는 것이다. 유태의 전통에 따라, 결혼한 지 10년이 넘었는데도 아이를 얻지 못하면 이혼 조건이 성립된다.

두 부부는 사실 헤어지기를 바라지 않았다. 하지만 가족과 친척들이 워낙 강하게 이혼을 요구하고 있어, 남편은 어쩔 수 없이 랍비를 찾아가 의논하게 된 것이다.

두 부부가 함께 랍비를 찾아갔을 때, 랍비는 두 사람의 진정한 사랑을 확인할 수 있었다.

일반적으로 대부분의 랍비들은 이혼에 대해서는 반대하는 입장이다. 한 번 결혼에 실패한 사람은 재혼해도 똑같은 실패를 되풀이할 수 있기 때문이다.

남편은 사랑하는 아내와 이혼을 하더라도, 아내가 굴욕감을 느끼지 않게 하기 위해 아무쪼록 평온한 가운데 헤어지기를 바랐다. 그래서 랍비는 〈탈무드〉에서의 요령을 빌리기로 하였다.

먼저 아내를 위한 성대한 잔치를 베풀고, 그 자리에서 지금까지 함께 살아온 아내가 얼마나 훌륭한 반려자였는지를 인사말로 하도록 권했다.

랍비의 조언을 들은 남편은 아주 기뻐하였다. 두 사람이 서로 싫어서 헤어지는 것이 아님을 사람들에게 밝혀 두고 싶었기 때문이었다.

남편이, 아내가 계속해서 소중하게 간직하고 싶어하는

것을 선물로 주고 싶다고 랍비에게 의논하자, 랍비는 잔치가 끝난 다음 아내에게 '무엇이든 당신이 원하는 것 한 가지를 말하면 주겠다' 고 말하라고 권했다. 그리고 아내에게도 같은 말을 하도록 당부했다.

잔치가 끝난 후, 남편은 랍비의 권유대로 무엇이든 원하는 것 한 가지를 주겠다고 아내에게 말했다. 아내도 남편에게 같은 내용을 말했다.

다음날 아침, 랍비가 입회한 자리에서 부부는 그에 대한 대답을 하기로 되어 있었다.

아내는 한 가지를 선택하였다. 바로 '남편' 이었다. 남편도 그 한 가지를 '아내' 라고 답하였다.

두 사람은 이혼을 취소하였다. 그 후 두 사람 사이에서는 자녀 둘이 태어났다.

Part 3
올바르게 사는 삶

당나귀를 따라온 다이아몬드

Honesty pays.

정직해서 손해 볼 것은 없다.

어떤 랍비가 생계를 위해 나무장사를 하고 있었다. 산에서 나무를 베어 마을에 가져다 파는 데는 생각보다 시간이 많이 걸렸다. 그는 공부를 좀더 많이 하고 싶은 마음에, 당나귀를 한 마리 사서 시간을 절약하기로 작정했다.

어느 날, 그는 마을의 아랍 상인으로부터 당나귀를 사들였다. 그러자 그의 제자들이 더 기뻐하며, 당나귀를 냇가로 데려가 물로 씻기 시작했다.

그런데 당나귀를 씻어주던 제자가 갈기에 다이아몬드가 붙어 있는 것을 발견했다.

제자들은 선생님이 이제 드디어 가난에서 벗어나 자기들을 마음 놓고 가르칠 수 있게 되었다며 만세를

127

불렀다.

그러나 랍비는 제자들에게 따끔하게 일침을 놓으며, 그
것을 당나귀를 판 사람에게 돌려주라고 일렀다.

"내가 산 것은 당나귀일 뿐이지, 다이아몬드가 아니다.
그러니 그것은 주인에게 돌려줘야 한다."

랍비가 아랍 상인에게 다이아몬드를 돌려주자, 아랍 상
인도 받기를 거절했다.

"사간 당나귀에서 다이아몬드가 나왔다면, 그것은 당
신 것입니다."

랍비도 자신의 고집을 꺾지 않았다.

"우리의 전통으로는 돈을 내고 산
물건 이외에는 다른 것은 가질 수
가 없습니다."

이에 아랍 상인은 그의 신앙심에
다시 한번 경의를 표했다.

독이 든 우유와 개

집 안에 놓여 있던 우유 통 속으로 독사 한 마리가 기어 들어갔다. 그 바람에 공교롭게도 우유 속에 독사의 독이 스며들게 되었다.

하루 종일 집을 지키고 있던 개는 그 모습을 줄곧 지켜보고 있었다.

식구들이 돌아와 우유를 따라 마시려고 하자, 갑자기 개가 사납게 짖기 시작했다. 식구들은 개가 왜 그런 행동을 하는지를 전혀 눈치 채지 못했다.

식구 중 한 사람이 통에서 우유를 따라 입에 대는 순간, 개가 주인을 덮쳤다. 우유가 바닥에 쏟아지자 개가 핥아먹기 시작했다. 그리고 개는 곧바로 숨을 거두었다. 개가 죽고 나서야 식구들은 개의 의중을 알게 되었다. 이렇게 죽은 개는 랍비들로부터 충견이라고 칭송을 받았다.

129

아름다운 행위

Love is the true price of love.

사랑은 사랑의 진실한 대가이다.

죽은 사람의 무덤을 찾아보는 것은 아주 아름다운 행위이다.

병문안에 대한 감사 인사는 환자의 병이 나으면 받을 수도 있지만, 죽은 사람에 대한 참배는 감사 인사를 받을 수 없기 때문이다.

감사 인사를 바라지 않는 행위야말로 진정 아름다운 행위이다.

천국과 지옥

어떤 아들이 닭을 잡아 아버지에게 정성껏 차려드렸다.
그러자 아버지가 물었다.
"아니, 닭이 어디서 난 거냐?"
아들이 대답했다.
"아버지, 괜한 걱정하지 마시고 그냥 맛있게 드시기만
하면 돼요."
결국 그의 아버지는 더 이상 물을 수가 없었다.
그 마을에는 밀가루 방앗간 집의 아들도 있었다.
이 아들은 궁전에서 나라 안에 있는 유명한 방아꾼을
모두 소집한다는 소문이 돌자, 아버지를 제쳐두고 자기
가 그 모집에 대신 응했다.
이 두 아들 가운데 누가 더 착한 아들일까?

누가 천국에 가고, 누가 지옥에 갈 것인가?

그렇다면 그 이유는 무엇인가?

착한 아들은 닭을 잡아서 아버지에게 드린 아들이 아니다. 아버지가 묻는 말에 성심껏 대답하지 않았기 때문이다.

착한 아들은 방앗간 집의 아들이다. 방아꾼을 강제로 소집한 궁전에서 사람들을 매질하고 음식도 제대로 주지 않으면서 혹사시킨다는 사실을, 이 아들은 이미 알고 있었기 때문에 자신이 아버지 대신 간 것이다.

그리하여 두 번째 아들은 죽어서 천국으로 가고, 첫 번째 아들은 지옥으로 갔다.

부모를 아끼는 효심이 없다면, 차라리 부모에게 일을 시키는 편이 낫다.

진정한 효도

As the twig is bent, so grows the tree.

될 나무는 떡잎부터 알아본다.

옛날 이스라엘의 다마라는 곳에 한 착한 아들이 있었
다. 그는 유태인이 아니었다.

그런데 그에게는 엄청나게 값이 나가는 다이아몬드가
한 개 있었다.

어느 날, 사원을 장식하는 데 쓸 보석을 찾고 있던 랍비
가 그 소문을 듣고 찾아왔다. 많은 돈을 줄 테니 그가
갖고 있는 다이아몬드를 팔라고 제안했다.

그때, 마침 그의 아버지는 다이아몬드를 보관해둔 금고
의 열쇠를 베개 밑에 넣어둔 채 낮잠을 즐기고 있었다.

그는 난처했다. 그러나 아버지를 깨울 용기가 나지 않
았다.

그는 랍비가 주겠다는 돈의 유혹을 뿌리치며, 이렇게 대

답했다.

"아버지께서 지금 주무시고 계셔서 안 되겠습니다. 저는 다이아몬드를 팔자고 아버지를 깨울 수는 없습니다."

그 후, 낮잠을 자고 있는 아버지를 위해 많은 돈의 유혹을 뿌리친 이 아들의 이야기가 사람들에게 널리 알려졌다.

랍비는 비록 원하는 다이아몬드는 구하지 못했지만, 그의 효심에 감탄한 나머지 사람들에게 이 이야기를 널리 전했던 것이다.

영원한 생명을 받을 수 있는 자격

어느 날, 사람들로 북적대는 시장을 찾아간 랍비가 큰
소리로 외쳐댔다.

"이 시장 안에 영원한 생명을 약속받을 만한 자격이 있
다고 생각하는 분이 있으면, 이리 나와 보십시오!"

그러나 누가 보아도 그럴 만한 사람은 없는 것 같았다.

그때 두 사람이 용감하게 랍비 앞으로 나섰다.

그러자 랍비가 머리를 끄떡이며 말했다.

"두 분은 정말 착한 분들이오. 영원한 생명을 받기에
부족함이 전혀 없는 분들이구려."

주위에 몰려 있던 사람들이 그들에게 물었다.

"당신들은 도대체 뭐하는 사람들이오?"

사람들이 궁금해 하자, 그들이 자신들의 직업을 밝혔다.

Honest labour bears a lovely face.

정직한 노동이 사랑스러운 얼굴을 만든다.

"저희는 광대입니다. 슬프고 우울한 사람들에게는 웃음을 선사하고, 서로 싸우고 다투는 사람들에게는 평화를 가져다주는 게 저희의 직업입니다."

두려워하는 것

한 랍비가 로마에 갔는데, 다음과 같은 벽보가 길거리 여기저기에 나붙어 있었다.

'왕비께서 잃은 보석을 30일 안에 찾아주는 사람에게는 후한 상을 내리겠다. 그러나 30일이 지나면, 그 보석을 갖고 있는 사람이 누구든 지위 여부를 막론하고 극형에 처할 것이다.'

그런데 랍비는 우연히 그 보석을 손에 넣게 되었다. 그는 보석을 그냥 갖고 있다가, 31일째 되는 날 왕궁으로 가서 왕비에게 돌려주었다.

의아한 표정으로 왕비가 물었다.

"한 달 전에 붙여놓았던 벽보를 못 보았나요?"

랍비가 보았다고 대답하자, 왕비가 다시 물었다.

"그런데 왜 30일이 지나도록 그것을 가지고 있었나요? 하루만 일찍 가져왔더라도 당신은 후한 상을 받았을 텐데, 목숨이 아깝지 않은가요?"

그러자 랍비가 대답했다.

"제가 30일 이전에 이 보석을 가져왔다면, 세상 사람들은 저에게 손가락질을 했을 겁니다. 제가 왕비님을 두려워하고 있다고 말입니다. 그렇기 때문에 저는 오늘까지 기다렸다가 가져온 것입니다. 제가 두려워하는 것은 왕비님이 아니라 오직 신뿐이라는 사실을 사람들에게 말해주고 싶었기 때문입니다."

랍비의 설명을 들은 왕비는 존경을 가득 담아 말했다.

"그토록 철저하게 신을 받드는 당신에게 깊은 경의를 표합니다."

도둑과 솔로몬

A straw shows which way the wind blows.

짚 하나가 바람이 불어가는 방향을 보여준다.

안식일에 유태인 세 명이 예루살렘을 찾았다. 그들은 갖고 있는 돈을 맡겨놓을 만한 마땅한 곳을 찾을 수가 없었다. 결국 그들은 다같이 돈을 한 곳에 파묻어두었다. 그런데 며칠 뒤에 그곳으로 가보니, 숨겨놓았던 돈이 감쪽같이 사라지고 없었다. 그들 중 한 사람이 그 돈을 훔쳐간 것이 분명했다.

그들은 이 문제를 들고 솔로몬 왕을 찾아갔다. 그 당시 솔로몬 왕은 지혜의 왕으로 널리 알려져 있었기 때문이다. 그들이 돈을 훔쳐간 범인을 찾아달라고 애원하자, 솔로몬 왕이 말했다.

"세 사람 다 슬기로운 사람 같으니, 그대들이 먼저 나의 어려운 문제를 풀어주면 나도 그 문제를 풀어주겠네.”

세 사람 모두가 동의하자, 솔로몬 왕이 자신의 고민을
털어놓았다.

“서로 결혼을 약속한 처녀와 총각이 있었는데, 변심한
처녀가 다른 남자와 결혼하겠다고 하면서 헤어지자고
졸랐다네. 그 대신 돈으로 보상을 하겠다고 하면서 말
이야. 하지만 그 총각은 보상 따위는 필요 없다고 하면
서 그녀와의 약혼을 취소해 주었지.

얼마 뒤, 그 처녀에게 많은 돈이 있다는 것을 안 어떤
노인이 그녀를 납치했지. 그러자 그녀는 자신과 약혼했
던 남자는 파혼을 당하면서도 아무런 보상을 원치 않고
자유롭게 자신을 놓아주었다고 말하면서, 그 사람처럼
자기를 풀어달라고 노인에게 간청했어. 그러자 노인도
돈을 요구하지 않고 그녀를 풀어주었다네.

이 세 사람 중에서 가장 칭찬받을 만한 사람이 누구일
까 하는 것이 내 고민일세.”

먼저 한 남자가 나섰다.

140

"이미 약혼을 했으면서도, 아무런 대가도 바라지 않고 약혼녀를 자유롭게 풀어준 총각이 가장 칭찬받아야 합니다. 그는 처녀의 의사를 존중해 주었을 뿐만 아니라, 아무런 보상도 원하지 않았기 때문입니다."

다른 남자가 말했다.

"저는, 진심으로 사랑하지 않는 사람에게 파혼을 요구한 처녀가 칭찬받아야 한다고 생각합니다. 과거의 약혼자가 아니라 진정으로 사랑하는 사람과 결혼하려고 했던 처녀의 용기에 박수를 보내고 싶습니다."

마지막 남은 한 남자가 말했다.

"도대체 이야기의 줄거리가 무엇인지 잘 모르겠습니다. 노인은 돈 때문에 처녀를 납치했으면서, 돈도 받지 않고 풀어준 이유가 무엇인지 도저히 이해할 수가 없습니다."

솔로몬 왕이 세 번째 남자에게 호통을 쳤다.

"돈을 훔쳐간 범인이 바로 너로구나! 다른 두 사람이 처녀 총각의 애정 문제와 그 주변 문제에 대해 신경 쓰고 있는 동안, 네놈은 그저 돈밖에 생각하지 않는구나. 도둑은 바로 네놈이 틀림없다!"

닭의 재판

To err is human, to forgive divine.

잘못을 저지르는 것은 인간의 본질이고,
용서하는 것은 하늘의 재량이다.

갓 태어난 아기가 요람 속에 누워 쌔근쌔근 잠을 자고
있었다. 이때 닭 한 마리가 나타나 아기의 머리를 날카
로운 부리로 쪼았다. 아기는 결국 그 상처로 인해 죽고
말았다.

아이를 쪼아 죽인 닭은 재판을 받게 되었다. 그 사건을
목격했던 사람들이 나서서 증언을 했다.

마침내 닭은 유죄판결을 받고 사형에 처해졌다.

아무리 하잘것없는 짐승이라 해도, 유죄가 확정되지 않
는 한 함부로 처단할 수 없다는 점을 깨우쳐주는 일화
이다.

143

험담

Falsehood is the jockey of misfortune.

거짓말은 불행을 몰고 오는 여신의 기수이다.

옛날에 딸만 셋을 둔 사람이 있었다. 세 명의 딸은 어디 하나 빠진 데 없이 아름다웠다. 그러나 각자에게는 결점이 하나씩 있었다.

제일 큰딸은 게으른 것이 흠이었고, 둘째딸은 도벽이 있었다. 또한 막내딸은 남을 험담하는 못된 버릇이 있었다.

딸부자인 이 사람과는 달리 아들만 셋을 둔 사람이 있었다. 어느 날, 이 사람은 세 딸을 둔 사람을 찾아와서 인사를 청한 다음 말했다.

"제게는 결혼할 나이가 된 세 명의 아들이 있습니다. 마침 당신에게는 아직 결혼하지 않은 세 딸이 있다고 하더군요. 당신의 세 딸을 제 며느리로 맞아들이고 싶습니다."

"참으로 고마운 말입니다. 하지만 솔직히 말씀드리면 내 딸들은 한 가지씩 결점이 있어서, 선생의 제의를 받아들이기가 부끄럽습니다."

세 딸을 둔 사람은 자기 자식들의 결점을 하나하나 숨김없이 털어놓았다. 하지만 세 아들을 둔 사람은, 자신이 책임지고 주의시켜 가르치겠으니 염려하지 말라고 했다.

이렇게 해서, 세 자매는 마침내 아들부자인 사람 집으로 함께 시집을 가게 되었다.

한꺼번에 세 명의 며느리를 보게 된 시아버지는, 게으른 첫째 며느리에게는 여러 명의 하인들을 고용하여 그녀를 돕게 해주었고, 도벽이 있는 둘째 며느리에게는 커다란 곳간의 열쇠를 주어 그녀가 원하는 것은 무엇이든지 가질 수 있도록 해주었다. 그리고 험담하기를 좋아하는 막내며느리에게는 매일 아침 일찍 불러서 오늘은 험담할 사람이 몇 명이냐고 물어보았다.

딸들을 시집보낸 아버지가 어느 날 사돈집을 방문했다.
딸들이 어떻게 살고 있는지 궁금했기 때문이었다.
먼저 큰딸이 말했다.
"모든 일을 아랫사람들이 해주기 때문에, 저는 마음껏
게으름을 피우며 즐겁게 지내고 있어요."
둘째딸이 말했다.
"갖고 싶은 물건은 얼마든지 가질 수 있기 때문에 아주
행복하게 살고 있어요."
막내딸이 말했다.
"시아버지가 자꾸 저에게 남녀관계를 강요하기 때문에
괴로워서 견딜 수가 없어요."
아버지는 큰딸과 둘째딸의 말에는 고개를 끄덕였다. 그
러나 막내딸의 말만큼은 믿지 않았
다. 그녀가 시아버지까지 험
담하고 있다는 사실을 알
았기 때문이다.

상거래

*Morality is the thing upon which your friends smile,
and immorality is the thing on which they frown.*

도덕은 당신의 친구들을 싱긋 웃게 해주지만,
부도덕은 그들을 찌푸리게 만든다.

어떤 랍비가 땅을 흥정하고 있었다. 거의 계약이 성사될 무렵, 다른 랍비가 나타나 먼저 그 땅을 계약해 버렸다.

이 장면을 목격한 사람이 땅을 산 랍비에게 힐난하듯 물었다.

"빵집에서 과자를 사기 위해 과자를 골라놓은 사람이 있다고 칩시다. 그런데 다른 사람이 나타나, 그 과자를 달라고 하면서 돈을 내민다면 어떻게 해야 하겠습니까?"

갑작스런 그의 질문에 땅을 산 랍비는 얼떨결에 대답했다.

"참 나쁜 사람이군요."

그러자 그가 말했다.

"그렇게 생각하는 사람이 남이 흥정하고 있는 땅을 가로채어 계약하다니, 그게 말이나 되는 일입니까?"

땅을 산 랍비는 몹시 부끄러웠다. 그렇지만 땅을 사자마자 되파는 것은 재수 없는 일로 여겨졌으므로, 먼저 와서 땅을 사려고 했던 랍비에게 자기가 산 땅을 그냥 선물로 주겠다고 했다.

그러나 그 랍비는 공짜로 남의 물건을 받는 것은 싫다고 하면서 거절했다.

결국, 땅을 산 랍비는 그 땅을 학교에 기부했다.

자선에 관한 네 가지 유형

자선에 관한 사람들의 태도에는 네 가지 유형이 있다.

첫째, 스스로는 돈이나 물건을 남에게 내주면서도 다른 사람이 돈이나 물건을 내놓는 것은 좋아하지 않는다.

둘째, 다른 사람이 자선을 베푸는 것은 바라면서도 자기는 자선을 베풀지 않는다.

셋째, 스스로 아낌없이 자선을 베푸는 동시에 남들 또한 자선을 베푸는 것을 바란다.

넷째, 스스로 베푸는 자선도 싫어하고, 다른 사람이 베푸는 자선도 싫어한다.

여러분은 이 네 가지 유형 가운데 어디에 속하는가?
첫번째는 질투심이 강한 사람이고, 두번째는 자기를 비하시키는 사람이며, 세번째는 선한 사람, 네번째는 완전한 악인의 유형이다.

하느님이 기뻐하시는 세 가지 일

이 세상에는 하느님이 기뻐하시는 세 가지 일이 있다.

첫째, 가난한 사람이 물건을 습득했을 경우, 그 주인을
찾아 돌려주는 일.
둘째, 부자가 자기 수입의 10%를 아무도 모르게 가난한
사람에게 나누어주는 일.
셋째, 번화한 도시에 살고 있
는 독신자가 죄악을 범하지
않는 일.

자기희생이 나을 경우

자신의 생명을 보존하는 것은 무엇보다도 선행되어야 할 가치이다.
다만 다음의 세 경우에는 차라리 자기를 희생하는 편이 낫다.

첫째, 남을 죽일 때.
둘째, 불순한 성 관계를 맺을 때.
셋째, 근친상간을 할 때.

남들이 이럴 때는...

남들이 모두 옷을 입고 있을 때는 벌거숭이가 되지 말라.

남들이 모두 벌거숭이일 때는 옷을 입지 말라.

남들이 모두 앉아 있을 때는 서 있지 말라.

남들이 모두 서 있을 때는 앉아 있지 말라.

남들이 모두 울고 있을 때는 웃지 말라.

남들이 모두 웃고 있을 때는 울지 말라.

꿈

어떤 사람이 이웃집 여인을 짝사
랑하여 한번 성 관계를 갖기를
바라고 있었다.
그러던 어느 날 밤 꿈에, 그는 드디
어 그 여인과 성 관계를 맺는 데 성공했
다.
〈탈무드〉에 의하면, 그것은 좋은 조짐이라고 풀이한다.
왜냐하면 꿈이란 간절한 소망의 한 표현이므로, 실제로
성 관계를 가졌다면 그런 꿈을 꿀 이유가 없기 때문이다.
이것은 스스로 자기 자신을 그만큼 자제하고 있다는 증
거이기 때문에 매우 좋은 일로 여기는 것이다.

진정 거룩한 것

사람은 동물에서부터 천사에 이르기까지 여러 계층이
있으며, 천사에 가까워질수록 거룩한 것에 가까워진다
는 관념이 유태인 사회에 흐르고 있다.
"거룩한 것이란 과연 무엇인가?"
랍비가 학생들에게 물었다.
많은 학생들이 '하느님을 위해 생명을 바치는 것' 이라
고 대답했고, 몇몇은 '쉬지 않고 기도하는 것' 이
라고 대답했다.
여러 학생들의 각양각색의 대답을 듣고 나
서, 랍비가 말했다.
"거룩한 것이란 무엇을 먹는가, 그리고
섹스를 어떻게 하는가에 달려 있다."
그러자 학생들이 한참을 웅성거리다가 물

155

었다.

"그렇다면 돼지고기를 먹지 않는다든가, 어떤 때 어떤 장소에서는 섹스를 행하지 않는다는 게 과연 거룩한 것인가요?"

그 물음에 랍비가 이렇게 대답했다.

"우리가 안식일을 지키고 있는지 아닌지는 누구든지 쉽게 알 수 있고, 하느님을 위해 생명을 바치는 것도 금방 세상에 알려지고 만다. 하지만 사람들이 자기 집에서 무엇을 먹는지는 남들이 알지 못한다.

가령, 유태인이 남의 집을 방문했거나 번화한 도시에 있을 때는 계율에 따른 식사를 한다 해도, 그들이 집에 돌아가서는 무엇을 어떻게 먹는지 아무도 알 수가 없다. 마찬가지로 섹스 행위도 어떻게 하는지 남들은 알 수가 없다.

이렇게 보면, 집안에서 식사를 할 때나 성 행위를 할 때 그 사람이 동물과 천사 사이의 어디쯤에 있는지가 판별되는 것이다. 이때 자기 자신의 위치를 높은 데 둘 수 있는 사람이야말로 진정 거룩하다고 볼 수 있다."

유태인과 돈

유태민족은 오랜 세월에 걸쳐 다른 민족에게 온갖 박해와 학살을 당한 슬픈 역사를 가지고 있다. 그러나 이들에게서 증오에 찬 문학작품이나 문헌을 찾아볼 수가 없다. 유태인들은 마음속에 뼈에 사무치는 증오심을 새기지 않는 민족이기 때문이다.

나치에 의해 수백만의 동족이 비참하게 학살당했으나, 독일을 반대하거나 독일 민족을 저주하는 책은 발견되지 않는다. 이스라엘은 아랍민족과 전쟁을 하고 있지만 그들에 대한 증오심은 없다. 기독교인들로부터 모진 박해를 받았지만 기독교인들을 미워하지도 않는다.

셰익스피어의 〈베니스의 상인〉에 등장하는 유태인 샤일록은 증오심에 불타 '돈을 갚지 못하면 네 심장에서

1파운드의 살을 도려내라'고 하는데, 이는 유태인으로서는 상상조차 할 수 없는 전적으로 가공의 이야기일 따름이다. 샤일록의 이야기는 기독교인이었던 셰익스피어의 사고방식을 표현한 것에 불과할 뿐, 유태인과는 아무 상관도 없다.

가령 유태민족이 탐욕스럽고 교활하고 부정직하고 잔인하고 사람들을 극도로 증오하는 족속이라면, 어찌해서 가톨릭 협회가 자금이 필요했을 때 기독교 쪽이 아닌 유태인에게 도움을 청했겠는가? 이를 보아도 유태인은 동정심이 많고 신뢰할 수 있는 민족임을 알 수 있다. 유태인은 늘 마음이 온후하다고 알려져 있다. 슬픈 사정을 들으면 유태인은 반드시 동정의 마음을 베풀어 줄 것이다.

〈신약성서〉를 보면 예루살렘의 환전상은 대부분 유태인들이 운영하고 있다고 기록되어 있다. 그리고 〈신약성서〉는 돈을 '악'의 근원으로 보는 경향이 있으나, 유태인들은 돈을 악이라고는 생각하지 않는다.

158

유태인들은 가지고 있던 돈을 강탈당해도 그를 벌하려 하지 않는다. 그들은 범인을 찾아 벌하기보다는 그로부터 돈을 되돌려 받는 것에 더 마음을 쓴다. 돈으로 받는 대신에 자동차나 시계를 취하기는 하지만, 심장을 도려내는 따위의 쓸데없고 어리석은 짓은 하지 않는다.

〈탈무드〉는 인간은 모두가 한 가족이며 더 나아가 커다란 한 덩어리임을 강조하고 있다. 그래서 자신이 오른손으로 무엇인가를 만들고 있을 때 왼손을 베었다고 해서, 왼손이 앙갚음으로 오른손을 벤다는 일 같은 것은 있을 수 없다는 것이다.

담장

유태인은 수녀나 결혼하지 않는 승려의 존재는 인정하지 않았다. 인간은 자연스럽게 사는 것이 가장 좋다고 생각했기 때문이다.

〈탈무드〉에는 '1미터의 담장이 100미터의 담장보다 낫다'는 말이 있다. 1미터 길이의 담장은 오랫동안 똑바로 서 있을 수 있지만, 100미터 길이의 담장은 쉽게 무너질 수 있기 때문이다.

인간이 평생 동안 성 행위를 하지 않고 산다는 것은 불가능한 일이므로, 이것은 100미터의 담장에 해당된다.

아내가 없는 유태인은 생활 속에 행복도 없고, 하느님의 축복도 받지 못하고, 선행도 많이 쌓지 못한다.

남자는 18세에 결혼하는 것이 가장 좋다고 〈탈무드〉는 말하고 있다.

간통

탈무드 시대에 유태인들은, 다른 민족의 경우 아내가
간통을 하면 남편에 대해 죄를 지은 것으로 인정되는
것은 물론이고, 그 남편이 아내를 처벌할 수도 있고 용
서해줄 수도 있음을 알았다.

그러나 유태민족의 경우는 전혀 달랐다.

유태인은 자신들의 모든 죄를 하느님에 대한 죄로 여겼
으므로, 아내가 간통을 했다 할지라도 남편에게는 그
죄를 용서할 권리가 없었다.

그것은 유태인의 세계를 다스리는 하느님의 법에 대한
죄였다.

다시 말해, 간통은 인간에 대한 죄가 아니라 하느님에
대한 죄였다.

자백

유태인의 법에서는 자기 자신에게 불리한 증언을 하는 것은 무효다. 따라서 자백이란 인정되지 않는다.
오랜 경험에 비추어 볼 때, 자백이라는 것은 흔히 고문에 의해 얻어지는 경우가 비일비재하다는 것을 알고 있기 때문이었다.
이스라엘에서는 지금도 자백에 의한 죄는 인정하지 않고 무효로 여긴다.

상품광고

현대사회에 넘쳐흐르는 광고를 보면, 그것이 반드시 올바른 정보만을 전달하고 있는 것만은 아닌 듯싶다.

이를테면 어떤 회사의 상품이 다른 회사의 상품보다 훨씬 우수한 것처럼 선전되고 있지만, 반대로 다른 회사의 경우를 보면 그들 역시 자기네 상품이 가장 우수하다는 선전을 내보내고 있는 것이다.

또한 상품과는 아무 관계없는 포장이나 디자인도 많이 사용되고 있는데, 오늘날에는 그와 같은 것이 오히려 훌륭한 판매 방법이라고까지 주장된다.

한 담배 광고에서는 아름다운 아가씨가 승용차 안에서 황홀하게 담배를 피우고 있는 장면을 보여준다. 이 광고가 어떤 거짓말을 하고 있는 것은 아니지만, 실제로 담배를 피우고 있는 사람들과 이 아름다운 아가씨는 아무런 상관이 없다.

〈탈무드〉에서는 이러한 판매 방법을 금지하고 있다. 이것은 어떤 의미에서 보면, 사람들을 현혹시키고 있는 것이기 때문이다.

〈탈무드〉는 소를 팔 경우 다른 색을 칠하지 못하도록 하고 있고, 또 여러 가지 연장들에 색깔을 입혀 새것처럼 보이게 하는 행위도 금하고 있다.

〈탈무드〉에는, 어떤 늙은 노예가 머리에 염색을 하고 얼굴에 화장을 하여 자신을 젊어 보이게끔 해서 자기를 사가는 사람을 속였다는 실례도 소개되어 있다. 또 과일가게에서 신선한 과일을 오래 묵은 과일 위에 올려놓아 눈가림을 하여 파는 것도 안 된다고 말하고 있다.

또 〈탈무드〉에는 건물의 안전 규정에 대해서도 차양 길이의 제한이나 발코니 기둥의 굵기 등에 이르기까지 아주 상세하게 규정하고 있다.

그리고 노동 시간에 대해서는 그 지방의 상식적인 관례

이상으로 일을 시켜서는 안 된다고 말하고 있다. 또한 과일을 따는 노동자를 고용했을 경우, 그 노동자가 일하는 동안 어느 정도의 과일을 따먹는 것은 금할 수 없다는 언급도 하고 있다.

더불어 〈탈무드〉에서는 상품을 팔면서 실제 물건과 다른 상표를 붙이지 못하도록 금하고 있다.

성서에 대한 맹세

어느 날, 두 남자가 랍비를 찾아왔다.

친구 관계인 두 사람은 서로 돈을 빌려주고 받은 적이 있었다. 그런데 돈을 갚을 기일이 돌아오자 빌려준 쪽은 5백만 원을 빌려주었다고 하고, 빌린 쪽은 2백만 원밖에 빌리지 않았다고 각기 다르게 주장했다.

두 사람 가운데 한 사람이 거짓말을 하고 있음은 분명했다. 물론 돈을 주고받을 때 차용증서 같은 것을 만들면 간단하지만, 유태인 사회에서는 친구 사이에 돈거래를 할 때 증거 문서를 만들지 않는 것이 관례였다.

랍비는 우선 2백만 원밖에 빌리지 않았다고 주장하는 사람을 불러 여러 번에 걸쳐 엄중히 진실을 물었다. 그러나 그는 매번 2백만 원밖에 빌리지 않았다고 대꾸하였다.

랍비는 마지막으로 그를 회당으로 데리고 갔다. 그리고 〈구약성서〉 위에 손을 얹고 2백만 원밖에 빌리지 않았음을 맹세하라고 하였다. 그러자 그는 비로소 거짓말이었음을 시인하며, 5백만 원을 빌렸다고 자백했다.

유태인들에게 있어, 회당에 가서 〈구약성서〉에 손을 얹고 맹세하는 일은 대단히 엄숙한 행위이다. 상습적인 범죄자가 아니고서는, 〈구약성서〉에 손을 얹고도 거짓말을 하는 유태인은 없다.

성서는 가장 소중한 것이므로 일상적으로 사용하지는 않지만, 성서에 손을 얹게 하면 유태인 가운데 99.8%는 절대로 거짓말을 하지 않는다. 그만큼 성서를 중요시하고, 두려워하는 것이다.

오늘날 여러 나라의 법정에서 성서에 손을 얹고 서약을 시키는 절차도 이런 풍습에서 비롯된 것이다.

167

자선의 대가

어느 지방에 아주 큰 규모의 농장이 있었는데, 그 농장 주인은 자선에 힘쓰는 인물로 알려져 예루살렘 근방에서는 많은 사람들에게 존경받고 있었다.

매년 랍비들이 그 농장 주인을 찾아가면, 그는 서슴없이 후한 헌금을 내놓곤 했다.

그러던 어느 해 몹시 심한 폭풍우가 불어닥쳐 과수원이 모두 망가지고, 게다가 전염병까지 퍼져 키우던 양과 소 등의 가축들도 모두 죽고 말았다.

이렇게 되자, 그에게 자본금을 융통해 준 채권자들이 몰려와서 그의 재산을 몽땅 압류해버렸다. 이제 그에게 남은 것이라곤 자투리땅 밖에 없었다.

하지만 농장 주인은 '하느님이 주신 것을 하느님이 찾

아가신 것이니 할 수 없지' 하고는 태연스러웠다.

농장 주인이 망해버린 그 해에도 랍비들이 찾아왔고, 랍비들은 그 많던 재산을 모두 잃어버린 농장 주인을 위로하였다.

이때, 주인의 아내는 남편에게 이렇게 의논했다.

"여보. 우리 부부는 해마다 랍비들에게 헌금을 하여 학교를 세우거나 회당을 유지하고, 가난한 사람들과 노인들을 위해 쓰도록 도왔는데, 올해는 아무것도 내놓을게 없네요. 그렇다고 저분들을 그냥 가게 할 수도 없으니, 어떻게 하면 좋겠어요?'

그들 부부는 랍비들을 빈손으로 돌아가게 할 수는 없다고 생각하고, 남아 있는 자투리땅의 절반을 팔아서 헌금한 후 나머지 땅을 일구어 농사짓기로 결심했다.

랍비들은 뜻밖의 헌금을 받고는 무척 놀랐다.

그 뒤 농부가 절반 남은 자투리땅을 갈고 있던 어느 날, 밭을 갈던 소가 갑자기 쓰러졌다.

그래서 흙탕에 쓰러진 소를 끌어냈다. 그런데 그 소 발

밑에서 보물이 쏟아져 나온 것이 아닌가.

그 보물을 팔아, 부부는 다시 옛날처럼 큰 농장을 경영

하게 되었다.

이듬해에 랍비들이 다시 찾아왔다.

랍비들은 아직도 그 농부가 가난하고 어렵게 살고 있을

것이라 여기고, 예전의 그 작은 땅으로 찾아갔다.

그런데 농부는 보이지 않았고, 주위의 사람들이 이렇게

일러주었다.

"그 사람들은 이제 여기에서 살지 않아요. 저쪽의 큰

집에서 살고 있답니다."

랍비들은 농장 주인이 살고 있는 큰 집으

로 갔다.

주인은 1년 동안 겪은 일들을 들려

주면서, 남을 위해 자선하면 그 대

가가 반드시 되돌아온다고 말하였다.

장사꾼의 도리

장사꾼이 해서는 안 되는 세 가지 일은 다음과 같다.

첫째, 과대선전이나 허위선전을 하는 일.
둘째, 매점매석을 하는 일.
셋째, 정량을 속여서 파는 일.

Part 4

지혜롭게 사는 삶

작별인사

긴 여정에 지치기도 했지만, 배고픔과 갈증에 시달리던 사람이 있었다.

그는 풀 한 포기 없는 뜨거운 사막을 걷다가 겨우 오아시스에 닿았다.

그는 나무 아래의 시원한 그늘에서 쉬면서 과일로 굶주린 배를 채우고, 시원한 물로 갈증을 풀었다. 그러고 나니 저절로 안도의 한숨이 나왔다.

하지만 그는 그 자리에 마냥 주저앉아 있을 수가 없었다. 그는 다시 갈 길을 재촉하며, 그늘을 만들어준 나무에게 감사의 작별 인사를 했다.

"나무야, 정말 고맙다. 뭐라고 이 고마운 마음을 표현해야 할지 모르겠다. 네 열매가 더욱 알차게 되기를 빌고싶지만, 이미 네 열매는 이 세상 어떤 열매보다도 알차고 맛있으니 그럴 필요가 없는 것 같구나. 너의 이 시원한 그늘이 더욱 커지도록 빌고 싶지만, 이미 편안히 쉴 수 있을 만큼 넉넉하니 그 또한 필요가 없을 것 같구나. 네가 더욱 잘 자라도록 물이 더 풍부하기를 빌고 싶지만, 물도 이미 충분한 것 같구나. 내가 너를 위해 할 수 있는 것이 있다면, 그것은 네가 더 많은 열매를 맺어, 그 열매가 더 많은 나무를 뿌리내리고, 또 너처럼 아름다운 나무로 성장하기를 비는 것뿐이겠구나."

만일 당신이 누군가와 작별을 할 때, 그 사람이 현명해지기를 빌어주기에는 그가 이미 충분히 현명하며, 부자가 되기를 빌어주기에는 그가 이미 충분히 부유하며, 사람들에게 환영받는 선량한 사람이 되기를 빌어주기에는 그가 이미 누구보다도 선량한 사람일 때, 당신은 무엇이라고 작별인사를 하겠는가?

"당신의 자녀도 부모와 같이 훌륭한 사람이 되기를 빌겠습니다."

이렇게 축복하는 것이 가장 좋은 작별인사가 된다.

시집가는 딸에게 슬기로운 어머니의 당부

시집가는 나의 예쁜 딸에게.

만약 네가 남편을 마치 왕처럼 떠받든다면, 네 남편도 너를 여왕처럼 떠받들 것이다. 하지만 네가 집안의 하녀처럼 행동한다면, 네 남편도 너를 하녀처럼 대할 것이다.

만약 네가 너무 지나치리만치 자신의 주장을 내세우고 남편의 말을 잘 따르지 않는다면, 남편은 완력을 써서라도 너를 굴복시킬 것이다.

만약 네 남편이 친구를 만나러 나간다면, 깨끗한 몸과 옷매무새로 나갈 수 있도록 도와주어라.

만약 네 남편의 친구가 집에 찾아오면, 정성을 다해서 지극히 대접해라. 그러면 네 남편이 고마워서 너를 아

*A man reserves his true and deepest love not for the species of woman
in whose company he finds himself electrified and unkindled,
but for that one in company he may feel tenderly drowsy.*

남자가 언제까지나 진심으로 깊은 애정을 가질 수 있는 여자는, 함께 있을 때 전기에
감전된 것처럼 찌릿하거나 가슴 설레는 여자가 아니라,
함께 있을 때 부드러운 분위기에 사르르 취하게 되는 그런 여자다.

주 소중하게 여길 것이다.

만약 네가 언제나 가정을 위해 마음을 쓰고, 남편의 물
건을 하나하나 소중하게 다룬다면, 네 남편은 머리에
쓰고 있는 왕관이라도 너에게 벗어줄 것이다.

마을의 파수꾼

지역 사정을 파악하기 위한 임무를 띠고, 시찰관 두 명
이 북쪽 지방의 어느 마을에 파견되었다.

마을에 도착한 그들은 사람들에게 마을의 파수꾼을 만
나 지역 상황을 듣고 싶다고 말했다.

그러자 그 마을의 치안을 담당하고 있는 사람이 나섰
다.

"아! 그런 문제 때문에 오셨다면, 제가 설명을 드리도록
하겠습니다."

두 시찰관은 머리를 가로저으며 말했다.

"아닙니다. 저희는 이 마을을 지키는 파수꾼을 만나 뵙
고 싶습니다."

그러자 이번에는 마을의 지역 부대장이 나왔다.

시찰관들은 다시 머리를 가로저으며 이렇게 말했다.
"저희는 치안이나 부대를 지휘하는 책임자를 만나러
온 것이 아니라, 이 지역에 있는 학교의 교사를 만나러
온 것입니다. 진정으로 마을을 지키는 사람들은 사실
선생님들이기 때문입니다."

두 시간의 가치

There are tricks in every trade.

장사마다 요령이 있다.

어떤 왕이 아주 커다랗고 훌륭한 포도 농장을 갖고 있었다. 많은 사람들은 그곳에서 일하여 얻은 수입으로 생활했다.

그곳에서 일하는 사람 중 한 젊은이는 누가 보아도 손재주가 매우 뛰어났다.

어느 날, 왕이 포도 농장을 방문했다. 왕은 이 뛰어난 능력의 재주꾼을 단박에 알아봤다.

왕은 그 젊은이와 함께 농장 안을 거닐며 대화를 나누었다. 그 바람에, 그 젊은이는 두 시간밖에 일을 하지 못했다.

농장에서 일하는 사람들은 품삯을 일당으로 받고 있었다. 하루 일이 끝나자, 사람들이 품삯을 받기 위해 차례로 길게 줄을 섰다.

그날도 똑같은 품삯이 모든 사람에게 지불되었다. 두 시간밖에 일을 하지 않은 젊은이에게도 똑같은 돈이 지불되자, 다른 사람들이 불평을 늘어놓기 시작했다.

"누구는 두 시간만 일해도 하루치를 받는군. 나라님과 같이 있었다고 특혜를 받는 건가? 이건 정말 불공평한 처사야!"

사람들이 웅성거리자, 이 소리를 들은 왕이 이렇게 말했다.

"다른 사람들이 하루 종일 해야 할 일을 두 시간도 되지 않아 끝내는 사람에게는 이보다 더 후한 상을 내려도 아깝지 않도다!"

다른 사람들이 100년 동안 해도 못 다할 일을 26세에 죽은 랍비가 해놓은 경우도 있다.

사람이 얼마동안 살았느냐 하는 것보다 더 중요한 것은 얼마나 많은 업적을 남겼느냐 하는 점이다.

되찾은 돈주머니

There are tricks in every trade.

장사마다 요령이 있다.

어떤 장사꾼이 큰 도시로 물건을 사러 갔다. 그런데 며칠만 있으면 물건을 아주 싼값에 살 수 있다는 소식을 듣고 그때까지 기다리기로 작정했다. 그리곤 몸에 지니고 있던 돈 전부를 사람들의 눈에 잘 띄지 않는 곳에 파묻어 두었다.

그러나 다음날 다시 그곳에 가보니 돈이 감쪽같이 사라지고 없었다. 아무리 생각해봐도 몰래 숨겨놓은 돈이 없어진 이유를 알 수가 없었다.

주변을 살펴보니, 그리 멀지 않은 곳에 집이 한 채 보였다. 그가 그 집에 가까이 다가가서 살펴보니, 그 집의 벽에 작은 구멍이 하나 뚫려 있었다. 그 집에 살고 있는 사람이 구멍으로 그의 행동을 유심히 살펴보고 있다가, 나중에 그가 떠난 다음에 훔쳐간 것이 틀림없는 것 같았다.

그는 그 집의 주인을 만나 은근히 떠보았다.

"저는 지방에서 물건을 사러 온 사람입니다. 주인께서는 이 큰 도시에 살고 있으니 저보다 세상 물정을 더 잘 아실 거라 생각되어 상의 드리려고 왔습니다. 저는 은화 500개가 든 돈주머니와 800개가 든 돈주머니를 가지고 있었는데, 그 중 작은 돈주머니를 저만 아는 곳에 묻어놓았습니다. 나머지 큰 돈주머니를 어떻게 해야 할지 몰라 걱정입니다. 이것도 몰래 묻어두는 것이 좋을지, 아니면 누군가 믿을 만한 사람에게 맡겨두는 것이 좋을지를 모르겠습니다."

집주인이 대답했다.

"나는 사람은 누구도 믿을 수 없다고 생각합니다. 내가 당신이라면 작은 돈주머니를 숨겨둔 곳에 큰 돈주머니도 숨겨두겠습니다."

장사꾼이 돌아가자, 욕심 많은 그 집 주인은 훔쳐갔던 돈주머니를 다시 제자리에 갖다 묻어놓았다.

장사꾼은 숨어서 그의 행동을 지켜보고 있다가, 그가 돌아가자 돈주머니를 파내어 이내 길을 떠났다.

세 친구

옛날에 어떤 왕이 한 남자에게 사신을 보내, 곧 자기에 게 오라고 명했다.

그 남자는 왕에게서 사신이 오자, 자기가 뭔가 잘못을 저질러서 그것을 조사하려는 게 아닌가 하고 겁이 났 다. 하지만 그 까닭을 알 수가 없었다.

이 남자에게는 세 사람의 친구가 있었다.

첫 번째 친구는 서로가 최고라고 여길 만큼 아주 소중 하게 생각하는 관계였다. 두 번째 친구 역시 서로가 아 끼는 관계였지만 첫 번째 친구만큼 소중하게 여기지는 않았다. 세 번째 친구는 가깝다고 여기기는 했으나 두 친구만큼 관심을 갖지는 못했다.

근심을 하던 그는 혼자서 왕 앞에 갈 용기가 나지 않아, 세 친구에게 함께 가 달라고 부탁했다.

가장 먼저, 첫 번째로 소중하게 생각하던 친구에게 가서 '함께 가달라' 고 부탁했다. 그러자 친구는 이유도 묻지 않고 '나는 안 된다' 고 잘라 말했다.

할 수 없이 두 번째 친구에게 가서 부탁했는데, 그 친구는 이렇게 말했다.

"성문까지는 같이 가주겠지만, 그 이상은 갈 수가 없어."

하지만 세 번째 친구는, 그의 얘기를 듣자마자 이렇게 대답했다.

"물론 가주지. 자네는 잘못한 것이 아무것도 없지 않은가. 두려워할 것 없네. 내가 함께 가서 왕에게 그렇게 말해 주겠네."

여기에서 첫 번째 친구는 '재산' 을 뜻한다. 아무리 사랑하더라도 죽을 때는 남겨두고 갈 수밖에 없는 것이 재산이다.

두 번째 친구는 '가족' 을 뜻한다. 화장터까지는 따라가 주지만, 더 이상을 같이 가지 못하는 것이 가족이다.

세 번째 친구는 '선행' 을 뜻한다. 보통 때는 눈에 잘 띄지 않지만, 죽은 후까지도 함께 가는 것이 바로 선행이다.

뱀의 머리와 꼬리

He who has been bitten by a snake is afraid of an eel.
뱀에 물린 적이 있는 사람은 새끼줄 보고도 놀란다.

뱀 한 마리가 있었다.

그 뱀의 꼬리는 늘 머리가 가는 대로만 그 뒤를 따라가야 했다. 어느 날, 뱀의 꼬리는 그런 자신의 처지에 불만을 품고 머리에게 불평을 터뜨렸다.

"내가 항상 네 뒤만 좇아다녀야 하는 이유가 도대체 뭐니? 네가 무슨 자격으로 나를 이리저리 네 마음대로 끌고 다니는 거야? 이러면 안 돼! 공평하지 못하잖아. 나도 어엿한 뱀의 일부분인데, 늘 너의 노예로 지낼 수는 없어. 정말 이렇게 살 수는 없단 말이야!"

꼬리의 불평에 머리가 아무렇지 않다는 듯이 대꾸했다.

"너도 참 딱하다! 너는 앞을 볼 수 있는 눈이 없잖니? 그렇다고 위험한 상황을 알아차릴 수 있는 귀가 있니?

그렇다고 어떤 판단을 내릴 수 있는 두뇌가 있니? 나는 나 자신만을 위해 너를 끌고 다니는 것이 아니란 말이야. 다 너를 위해서 그러는 거라구."

꼬리가 머리의 대답에 코웃음을 쳤다.

"독재자들이 백성을 위해 일한다는 핑계로 제 마음대로 하는 것과 마찬가지로, 너도 그런 말을 하는 것을 보면 영락없는 독재자구나! 그런 얄팍한 구실로 나를 설득하려고 들지 마!"

꼬리의 비난에, 머리는 할 수 없이 자신의 자리를 내놓기로 마음먹었다.

"그래, 좋아. 그러면 네가 내 대신 그 일을 맡아서 해봐. 그러면 되지 않겠니?"

머리의 말에 꼬리는 아주 신이 났다. 그리하여 꼬리가 머리를 대신해서 앞으로 나섰다.

그러나 얼마 가지 못해 진흙구덩이에 빠지고 말았다. 결국 머리가 갖은 애를 다 써서야 간신히 빠져나왔다.

다시 얼마가 지났다. 꼬리는 여기저기를 헤집고 돌아다

녔다. 그러다가 실수를 하는 바람에 그만 가시덤불 속
에 다시 빠지고 말았다.

하지만 꼬리가 가시덤불을 빠져나가려고 아무리 애를
써도, 뱀은 가시에 자꾸 찔리기만 하고 빠져나갈 수가
없었다. 꼬리는 다시 한번 머리의 도움을 받아, 온몸에
상처투성이가 된 채 간신히 빠져나왔다.

그래도 꼬리는 포기하지 않고 앞장을 섰다. 그러다가
불길 속에 빠지고 말았다. 몸이 뜨거워지기 시작하더
니, 이내 앞이 캄캄해졌다.

뱀은 이러다가는 불에 타서 죽을까 봐 덜컥 겁이 났다.
머리는 이 다급한 상황에서 어떻게든 위기를 모면해보
려고, 필사적인 노력을 기울였다. 하지만 역부족이었다.
이미 때가 늦은 뒤였다.

결국 맹목적인 꼬리의 주장 때문에 뱀의 온몸에 불이
붙어, 머리도 꼬리도 모두 타 죽고 말았다.

못생긴 그릇

Appearances are deceptive.
외모는 미덥지 못하다.

얼굴 생김은 보잘것없으면서도 박식하기로 소문난 랍
비가 있었다.

어느 날, 그 랍비는 로마 황제의 딸인 왕녀와 만나게 되
었다. 왕녀는 랍비의 못생긴 얼굴을 보고는 눈살을 찌
푸리며 이렇게 말했다.

"정말 못났군요. 당신처럼 못생긴 사람이 그렇게 뛰어
난 현자라니 믿을 수가 없어요."

현자는 그 소리를 듣고 빙긋이 웃으며 이렇게 물었다.

"이 궁전에 좋은 술이 있습니까?"

"물론이지요. 좋은 술이 많이 있지요."

"그 술은 어떤 그릇에 담겨 있습니까?"

"그야 질그릇으로 된 술항아리에 담겨 있지요."

왕녀의 대답을 들은 현자는 안타깝다는 듯이 말했다.

"왕실이면 금이나 은그릇이 많을 텐데, 그렇게 좋은 술을 하찮은 질그릇 항아리에 담아 놓았다니 이해가 안 되는군요."

이 말에 왕녀는 당장 시녀를 불렀다.

"여봐라! 궁궐 안에 있는 모든 술을 금이나 은으로 만든 그릇에 지금 당장 옮겨 담도록 하라!"

그 얼마 후, 하루는 황제가 술을 마시다가 화를 벌컥 냈다.

"아니, 술맛이 왜 이 모양인가?"

신하가 왕녀의 명령을 받고 술을 옮겨 담은 일을 소상하게 고했다.

황제는 왕녀를 불러서 호된 꾸중을 했다. 아버지인 황제에게 꾸중을 들은 왕녀는 그 못생긴 랍비를 불렀다.

"당신은 분명 술을 금이나 은그릇에 담아두면 맛이 변한다는 사실을 알고 있었어요. 그런데 왜 내게 그런 말을 한 거죠?"

현자는 다시 빙긋 웃으며 말했다.

"저는 다만, 아무리 귀한 것이라도 보잘것없는 그릇 속에
담겨 있을 수 있다는 사실을 왕녀께 알려드리고 싶었을
뿐입니다."

아버지의 유서

One father is more than a hundred schoolmasters.
한 사람의 아버지는 백 명의 학교장도 못 따른다.

시골에 살고 있던 현명한 아버지가 아들을 예루살렘에 있는 학교로 유학 보냈다. 그런데 아들이 유학하고 있는 중에 그가 중병에 걸렸다. 살아생전에 다시는 아들을 보지 못할 것을 예감한 그는 다음과 같은 유서를 남겼다.

'나의 모든 재산은 우리 집 하인에게 물려주도록 한다. 내 아들에게는 하인을 포함한 모든 재산 중에 하나만을 선택해서 가질 수 있는 권한을 부여한다.'

그가 눈을 감자, 하인은 자신의 행운에 뛸 듯이 기뻐했다. 그는 예루살렘에서 공부를 하고 있는 주인 아들에게 달려가, 주인의 부음을 알리며 유서를 보여주었다.

아들은 아버지의 갑작스런 사망 소식에 이루 말할 수

196

없는 슬픔을 느꼈다. 그리고 한편으로는 아버지가 남긴 이상한 유서의 내용에 충격을 받지 않을 수 없었다.

아버지의 장례식이 끝나자, 아들은 앞으로의 일에 대해 여러 가지로 생각을 해보았다. 아무래도 랍비를 찾아가 조언을 구하는 것이 좋을 것 같았다.

"제 아버님이 모든 재산을 하인에게 남긴 이유가 무엇일까요? 저는 한번도 아버님의 기대에 어긋나는 행동을 한 적이 없었는데……."

아들이 죽은 아버지에 대해 원망 섞인 말을 늘어놓자, 곰곰이 생각에 잠겨 있던 랍비가 그 참된 뜻을 이렇게 풀이해주었다.

"아들이 외지에 나가고 없는 상황에서 하인이 재산을 가지고 도망가거나, 혹은 재산을 탕진하지나 않을까 걱정되어 그러셨을 겁니다. 심지어는 자신이 죽었다는 사실조차도 아들에게 전해지지 않을 것을 염려하여, 그리했을 겁니다. 유서대로 하면 모든 재산을 물려받게 된 하인이 기뻐하며 한걸음에 당신에게 달려가 그 소식을

197

알릴 테고, 집안의 재산도 보존하리라 믿으신 게지요."
그러나 아들은 랍비의 설명이 잘 이해되지 않았다.
"모든 것이 하인에게 넘어갈 텐데, 그게 무슨 뜻입니
까?"
랍비가 껄껄 웃으며 그를 안심시켰다.
"당신은 아버님의 유산 중에서 하나를 고를 수 있는 권
한이 있습니다. 하인도 아버님의 유산 중 하나이니까,
당신이 하인을 고르면 모든 유산은 결국 당신 것이 될
겁니다. 모두 아버님이 당신을 위해 배려한 일입니다."
마침내 아버지의 참뜻을 깨달은 아들은 랍비가 가르쳐
준 대로 하인을 유산으로 선택했다.
그 뒤 그는 집안의 모든 유산을
고스란히 물려받고, 하인은 해
방시켜주었다.

무언의 충고

Sincerity is glass, discretion is diamond.
성실이 유리조각이라면, 신중함은 다이아몬드다.

생일이 똑같다는 이유로 로마의 황제와 친하게 지내는 랍비가 있었다.

그러나 황제가 랍비와 절친하다는 사실은 두 나라의 관계로 보아 과히 좋은 일이 아니었다. 그래서 황제는 랍비에게 무엇인가 물어볼 것이 있을 때는 극비에 사람을 보내어 그의 조언을 듣곤 했다.

어느 날 황제는 이런 편지를 써서 랍비에게 보냈다.

"나에게는 두 가지 소망이 있습니다. 하나는 내가 죽으면 내 아들이 황제의 자리에 오를 수 있도록 하는 것이며, 나머지 하나는 티베리아스 시를 상업 활동이 자유로운 도시로 만드는 것입니다. 하지만 내 능력으로는 한 가지 일밖에 이룰 수가 없을 것 같습니다. 혹시 두

199

가지 소망을 모두 이룰 수 있는 방법은 없겠습니까?"

그 당시는 두 나라의 관계가 악화일로에 처해 있었기 때문에, 황제의 물음에 랍비가 대답을 했다는 사실이 알려지면 국민들에게 큰 악영향을 끼칠 것이 자명했다. 그래서 랍비는 황제의 물음에 답장을 쓰거나 무슨 말을 할 형편이 못되었다.

랍비에게 편지를 전하러 갔던 사람이 돌아오자, 황제가 물었다.

"랍비에게 내 편지를 전하고 답장은 받아왔느냐?"

황제의 물음에 그가 대답했다.

"랍비께서는 편지를 읽어보신 후, 아무 말도 하지 않으셨습니다. 그저 아들에게 목말을 태워주더니, 아들에게 비둘기를 하늘로 날려 보내라고 시키셨습니다. 그것이 전부입니다."

황제는 '먼저 아들에게 왕위를 물려준 다음, 그 아들로 하여금 도시를 번성케 하면 된다'는 랍비의 뜻을 알

200

아챌 수 있었다.

그 이후 어느 날, 황제는 다시 랍비에게 사람을 보냈다.

다음과 같은 질문을 하고 싶어서였다.

"나라의 신하들이 내 마음을 괴롭히고 있는데, 어떻게

하면 좋겠습니까?"

랍비는 역시 아무 말도 하지 않은 채, 밭으로 나가 채소

한 포기를 뽑아 왔다.

그리고는 또다시 밭에 나가 한 포기를 뽑아 오고, 잠시

후에 또 한 포기를 뽑아 오는 것이었다.

이야기를 전해들은 황제는 랍비가 말하려는 뜻을 알

수 있었다.

그 뜻은 이러하였다. 적들을 한번에 일망타진시키려 하

지 말고, 몇 번에 나누어 한 사람 한 사람 제거하라는

것이었다.

인간의 의사는 이처럼 말이나 글에 의존하지 않아도 충

분히 나타낼 수 있는 것이다.

붕대

법률이란 마치 약(藥)과도 같은 것이다.

옛날에 어느 임금이, 상처를 입은 아들에게 붕대를 감아주면서 이렇게 말했다.

"얘야! 앞으로 이 붕대가 풀리지 않도록 조심하거라. 이 붕대를 감고 있는 동안만은 먹거나 뛰거나 물에 들어가도 아프지 않을 것이다. 그렇지만 이 붕대를 풀어 버리면 상처가 더 심해질 것이다."

사람도 이와 비슷한 것이다.

사람의 마음속에는 악한 쪽으로 치우치려는 성질이 있으나, 법률을 지키고 벗어나려 하지 않는 한 결코 성질이 나쁘게 바뀌는 일은 없다.

세 가지 현명한 행위

예루살렘에 거주하는 사람이 여행 도중에 병이 들고 말았다. 그는 이제 더 이상 자기가 소생할 가망이 없다는 생각이 들어, 여관 주인을 불러놓고 말했다.

"나는 이대로 그만 죽을 것 같소. 내가 죽었다는 소식을 듣고 예루살렘에서 내 가족이 찾아오면, 내가 가지고 있던 물건들을 내주시오. 그러나 찾아온 식구들이 세 가지 현명한 행동을 하지 않으면 내 물건들을 절대로 내주지 마시오. 나는 여행을 떠나기 전에 내 아들에게, 만일 내가 여행 중에 죽게 되면 내 유산을 물려받기 위해서 세 가지 현명한 행동을 해야 한다고 일러두었습니다."

투숙한 나그네는 죽었고, 여관 주인은 유태인의 의식에

따라 매장해 주었다.

그의 죽음은 마을 사람들에게 알려졌고, 물론 예루살렘에 있는 아들에게도 소식이 전해졌다.

예루살렘에 있는 아들이 부음을 전해 듣고, 부친이 돌아가셨다는 마을로 서둘러 찾아왔다. 그러나 그는 부친이 묵었던 여관을 알 수가 없었다. 왜냐하면 부친이 그 여관을 아들에게 알려주지 말라고 유언했기 때문이었다. 그래서 아들은 자신의 지혜로 그 여관을 찾아낼 수밖에 없었다.

그때, 나무장사가 땔나무를 가득 싣고 지나가고 있었다. 아들은 나무장사를 불러 땔나무를 산 다음, 그 나무를 예루살렘에서 온 나그네가 죽은 여관으로 가져다 달라고 말했다. 그런 다음 그 나무 장사가 가는 곳으로 따라갔다.

여관 주인이 자기는 땔나무를 산 일이 없노라고 말하자, 나무장사가 이렇게 말했다.

"아닙니다. 지금 내 뒤를 따라오고 있는 사람이 이 나무를 사서 이리로 가져다 달라고 했습니다."

이것이 아들의 첫 번째 현명한 행동이었다.

여관 주인은 그를 반갑게 맞아들인 다음, 저녁식사를 대접했다.

식탁 위에는 다섯 마리의 비둘기 요리와 한 마리의 닭 요리가 올라와 있었다.

주인 부부와 두 아들과 두 딸, 이렇게 모두 일곱 사람이 식탁에 둘러앉았다.

주인이 "이제 음식을 모두에게 나누어 주시오"라고 그에게 말하자, 그는 "아닙니다. 주인께서 나누어주시는 것이 좋을 것 같다"고 사양하였다.

그러자 주인이 이렇게 말했다.

"아닙니다. 당신이 손님이니까, 당신이 좋을 대로 나누어주시지요."

그 말을 듣고, 그는 음식을 나누어주기 시작했다.

먼저 비둘기 한 마리를 두 아들에게 주고, 또 한 마리는 두 딸에게 그리고 또 한 마리는 주인 부부에게 주었다.

205

그리고 나머지는 자기 몫으로 놓았다.

이것이 그 아들의 두 번째 현명한 행동이었다.

주인은 매우 못마땅한 표정을 지으면서도 아무 말을 하지 않았다. 이어서 그는 닭 요리를 나누기 시작했다.

먼저, 머리를 떼어 주인 부부에게 주고, 두 다리는 두 아들에게, 두 날개는 두 딸에게 준 다음 큰 몸통을 자기 몫으로 놓았다.

이것이 그 아들의 세 번째 현명한 행동이었다.

묵묵히 이를 보고 있던 주인이 마침내 화를 참지 못하고 소리를 질렀다.

"당신네 고장에서는 이렇게 합니까? 당신이 비둘기를 나눌 때는 참았으나, 닭을 나누는 것을 보니 더 이상 참을 수가 없소. 도대체 이게 무슨 짓이오!"

그러자 젊은이가 이렇게 대답했다.

"나는 처음부터 음식을 나누는 일은 하고 싶지 않았습니다. 그러나 주인께서 나에게 간곡히 부탁하셔서 최선을 다해 나누어드린 것뿐입니다. 그러면 그렇게 나누어드린 이유를 말씀드리지요. 주인과 부인과 비둘기 한 마리를 합하면 셋이고, 두 아드님과 비둘기 한 마리를 합하면 셋이고, 두 따님과 비둘기 한 마리를 합하면 셋이고, 나와 비둘기 두 마리를 합하면 셋이니, 매우 공평하게 나눈 것입니다. 또 주인 부부께서는 이 집안의 우두머리이므로 닭의 머리를 드렸고, 두 아드님은 이 집안의 기둥이므로 다리를 주었으며, 두 따님은 언제라도 날개가 돋쳐 시집을 갈 것이므로 날개를 준 것입니다. 그리고 저는 배를 타고 여기에 왔고, 다시 배를 타고 돌아가야 하기 때문에 배처럼 생긴 몸통을 가진 것입니다. 이제 빨리 우리 아버님의 유산이나 내주십시오."

마음

인간의 육체는 마음에 의해 좌우된다.

마음은 보고, 듣고, 걷고, 서고, 굳어지고, 부드러워지고, 기뻐하고, 슬퍼하고, 화내고, 무서워하고, 거만해지고, 설득되어지고, 증오하고, 사랑하고, 질투하고, 부러워하고, 사색하고, 반성한다.

그렇기 때문에, 자신의 마음을 스스로 조정할 수 있는 인간을 세상에서 가장 강한 인간이라고 하는 것이다.

암시장

어떤 현명한 재판관이 있었다.

어느 날, 시장 거리를 거닐던 그는 많은 장물들이 그곳에서 거래되고 있다는 것을 알아냈다. 그는 많은 사람들과 도둑들에게 경종을 울려주기 위해서는 어떤 시위가 필요하다고 생각했다.

재판관은 족제비 한 마리에게 작은 고깃덩이 하나를 주었다. 그러자 족제비는 고깃덩이를 물고 곧 자기의 작은 굴로 들어가, 그곳에 고깃덩이를 감췄다. 사람들은 족제비가 고깃덩이를 감춘 것을 쉽게 알 수 있었다.

재판관은 족제비의 작은 굴을 막아버린 다음, 이번에는 더 큰 고깃덩이를 족제비에게 주었다. 그러자 족제비는 고깃덩이를 문 채 재판관 앞으로 돌아왔다. 족제비는 자기가 갖고 있는 고깃덩이를 처치할 수 없자, 그 고기를 주었던 사람에게 다시 가지고 돌아왔던 것이다.

족제비와 재판관의 이 일을 지켜본 사람들은 자신들이 도둑맞은 물건들이 시장에서 팔리고 있다는 사실을 깨닫게 되었다. 시장으로 달려간 사람들은 도둑맞았던 물건들을 다시 찾아갈 수 있었다.

가운뎃길

군대가 길을 따라 행진하고 있었다.

길의 오른쪽은 눈과 얼음으로 덮여 있었다. 그리고 길의 왼쪽은 불바다였다.

군대가 길 오른쪽으로 행진하면 모두 얼어 죽고, 길 왼쪽으로 행진하면 모두 불에 타 죽을 상황이었다.

하지만 길의 가운데는 따뜻함과 시원함이 적당하게 조화되어 있었다.

학자

유태인은 모든 재산을 팔아서라도, 딸을 학자와 혼인시
키는 것은 바람직한 일이라고 생각했다.
또는 학자의 딸을 데려오기 위해서는 모든 재산을 잃어
도 좋다고 생각했다.

하나의 몸에 두 개의 머리

〈탈무드〉에는 사고 방법을 훈련시키는 데 있어서 현실
성은 떨어지지만, 하나의 원리로 삼을 만한 이야기들이
많이 기록되어 있다. 예를 들어, 다음과 같은 가설적인
질문이 있다고 하자.

"만일, 두 개의 머리를 가진 아이가 태어났을 때 이 아
이를 한 사람으로 쳐야 하는가, 아니면 두 사람으로 쳐
야 하는가?"

이 질문은 얼핏 생각하기에는 무척 터무니없어 보인다.
그러나 '인간은 설령 머리가 둘이더라도 몸통이 하나
이면 한 사람이다' 라든지, '머리 하나마다 한 사람으로
취급해야 한다' 라는 원칙을 확립하기 위해서는 매우
쓸모 있는 가설이라 할 수 있다.

유태교에서는 아이가 태어나면 한 달 후에 회당으로 데리고 가서 축복을 받게 한다. 그런데 이때 머리가 둘이 달렸다면 두 번 축복을 받아야 하는가, 아니면 몸통이 하나이니 한 사람으로 쳐서 한 번만 받아야 하는가? 또 기도할 때는 작은 주발을 머리 위에 얹게 되는데, 머리가 둘이니까 두 개의 주발을 얹어야 하는가, 혹은 한 사람으로 생각해서 한 개의 주발만을 얹어야 하는가?

〈탈무드〉의 답은 아주 명쾌하다. 한 쪽 머리에 뜨거운 물을 부었을 때 다른 쪽 머리도 뜨겁다고 같이 비명을 지르면 한 사람이고, 다른 쪽 머리는 무표정하게 있으면 두 사람으로 생각해야 한다는 것이다.

유태인들이 어떤 민족인가를 이야기할 때도 위의 답을 적절하게 인용할 수 있다. 이스라엘이나 러시아에 있는 유태인들이 박해를 받았다는 이야기를 들었을 때, 고통을 느끼면서 비명을 지른다면 그는 유태인이다. 그러나 비명을 지르지 않는다면 그는 유태인이 아니다.

고용계약

고용주와 종업원이 있었다. 종업원은 고용주를 위해 일을 하고 일주일 단위로 임금을 받기로 계약하였다.

그런데 임금을 현금으로 주는 것이 아니라, 근처의 상점에서 그 임금에 상당하는 물건을 사라는 것이었다. 그러면 고용주는 상점에 대금을 지불한다는 조건의 계약이었다.

첫 일주일이 지난 후 종업원은 불만스러운 얼굴로 고용주를 찾아와서 말했다.

"상점에서는 현금이 아니면 물건을 팔지 않겠다고 하니 현금으로 주십시오."

그런데 조금 후에는 상점 주인이 찾아와서 이렇게 말하는 것이었다.

215

"댁의 종업원이 가져간 물건 대금을 받으러 왔습니다."

이 경우에 고용주는 어떻게 해야 하는가?

우선 사실을 확인할 필요가 있다. 그러나 아무리 조사를 해보아도 종업원이나 상점 주인이나 사실을 증명할 만한 것이 전혀 없었다.

〈탈무드〉에도 이럴 때는 어떻게 하라는 명확한 언급이 없다.

그러나 두 사람 모두가 자기의 주장을 굽히지 않으면서 신의 이름으로 선서까지 했으므로, 고용주가 양쪽 모두에게 지불을 해주도록 판결이 내려졌다.

종업원은 상점 주인의 청구와는 직접적인 관계가 없다. 그리고 상점 주인도 종업원과는 직접적인 관계가 없다. 그러나 고용주는 양쪽 모두에 직접적인 관계가 있으므로, 양쪽 모두에게 책임이 있는 것이다. 따라서 양쪽 모두에게 현금을 지불하라고 판결한 것이다.

이것은 〈탈무드〉 안에서도 오랫동안 토의되어 온 항목 중 하나인데, 이 의견이 가장 타당하다. 분명 어느 한쪽

이 거짓말을 하고 있겠지만 그것을 밝혀낼 수가 없고,
고용주는 양쪽 모두에 관련되어 있으므로 어쩔 수 없는
일이다.
계약은 경솔하게 맺어서는 안 된다는 것을 암시해주는
교훈이다.

진짜 어머니

무엇이 진실이고 무엇이 허위인지를 분별하는 것은 참으로 어려운 일이다. 〈탈무드〉는 이 두 가지를 분별하는 방법을, 솔로몬 왕의 이야기를 통해 가르쳐 주고 있다.

솔로몬 왕은 매우 뛰어난 현인으로 정평이 나 있었다. 하루는 두 여인이 아이 하나를 데리고 와서 서로 자기 아이라고 주장하며, 솔로몬 왕에게 판단해 줄 것을 요청하였다.

솔로몬 왕은 여러 가지 방법을 동원해 진실을 조사해 보았으나, 왕 자신도 누가 진짜 아이의 엄마인지를 알 수가 없었다.

유태인 사회에서는 그 소유가 분명하지 않을 때는 둘로

갈라서 나누어 가지는 것이 관례였다. 솔로몬 왕은 관례대로 이 아이를 칼로 두 토막을 내라고 명령하였다. 그러자 두 여인 가운데 한 여인이 갑자기 미친 듯이, 그렇게 할 바엔 차라리 그 아이를 저 여자에게 주어버리라며 울부짖었다.

이 광경을 보고 솔로몬 왕은 확신에 차서 말했다.

"그대야말로 아이의 진짜 어머니요! 아이를 이 여인에게 주어라!"

위생관념

〈탈무드〉에 의하면, 유태인들은 특히 보건 위생관념이
철저하다.
몇 가지 사례를 들어보자.

● 물을 마실 때는 사용 전에 컵을 닦고, 사용한 뒤에
는 다시 닦아야 한다.
● 자기가 사용한 컵을 닦지 않은 채 남에게 주어서는
안 된다.
● 안약을 눈에 넣는 것보다는, 아침 저녁에 물로 눈을
씻는 것이 더 낫다.
● 의사가 없는 고장에서 살아서는 안 된다.
● 화장실에 가고 싶을 때는 잠시도 참지 말아야 한다.

갈비뼈로 여자를 만든 이유

태초에 하느님이 여자를 만들 때 남자의 머리로 여자를 만들지 않은 이유는, 여자가 남자를 지배할 수 없도록 하기 위해서이다.

남자의 발로 여자를 만들지 않은 이유는, 여자가 남자의 노예가 되지 않도록 하기 위해서이다.

남자의 갈비뼈로 여자를 만든 이유는, 여자가 항상 남자의 마음 가까이 있도록 하기 위해서이다.

현명한 사람의 조건

현명한 사람이 되려면, 다음 일곱 가지를 지켜야 한다.

1. 자기보다 잘난 사람 앞에서는 말을 삼간다.
2. 상대방의 말을 끊지 않고 끝까지 경청한다.
3. 대답할 때 침착하게 행동한다.
4. 질문할 때는 언제나 요점만 물어본다. 대답할 때는 조리 있게 답한다.
5. 일의 앞뒤를 분명히 한다.
6. 모르는 것이 있으면, 모른다는 것을 솔직하게 인정한다.
7. 진실은 진실로 받아들인다.

돈

● 돈은 하느님이 마련해준 선물을 살 수 있는 기회를 제공한다.

● 돈은 나쁜 것이 아니며, 저주의 대상도 아니다. 그것은 인간의 축복을 위한 것이다.

● 재산이 많으면 튼튼한 요새를 갖고 있는 것 같고, 재산이 없으면 폐허를 갖고 있는 것 같다.

● 몸은 마음에 의해 좌우되고, 지갑은 크기에 의해 좌우된다.

● 사람이 마음에 상처를 입는 경우는 고민이나 불화, 아니면 지갑이 텅 비어 있을 때다. 특히 지갑이 비어 있을 때 가장 큰 상처를 입는다.

● 돈이란 물건을 사거나 장사를 하는 데 쓰는 것이지,

술을 마시는 데 허비되는 것이 아니다.

● 몸은 마음에 의존하게 마련이고, 마음은 돈지갑에 의존하게 마련이다.

● 돈을 차용해 준 사람에게는 화를 내지 말고 참아야 한다.

● 돈과 물건은 거저 주는 것보다는 빌려주는 편이 더 낫다. 돈이나 물건을 거저 얻으면 얻은 사람이 준 사람보다 아래의 입장이 되지만, 빌려주면 서로 동등한 입장이 되기 때문이다.

술

● 악마가 너무 바빠서 사람을 찾아다닐 수 없을 때, 술을 대신 보낸다.

● 포도주는 금이나 은으로 된 항아리에 담는 게 아니다. 지혜가 담긴 질그릇에 담아야 하는 것이다.

● 새로 담근 포도주는 처음에는 포도 맛밖에 나지 않지만, 시간이 지날수록 술의 맛이 좋아진다. 지혜도 이와 마찬가지로 해를 거듭할수록 무르익는다.

● 술을 대접하는 사람의 자세가 공손하면, 아무리 맛없는 술이라도 좋은 술이 된다.

● 술이 머리에 들어가면 비밀은 밖으로 새어나온다.

● 아침에 늦게 일어나고, 낮에는 술에 취해 있으며, 저녁에 쓸데없는 잡담으로 하루를 보내는 사람은 자기 자신의 일생을 헛되게 만들고 만다.

225

섹스

- '야다(YADA)', 즉 섹스는 창조의 행위이므로 이것 없이는 결코 자기완성을 이룰 수 없다.
- 섹스는 평생 동안 오직 한 사람의 상대만을 통해 이루어져야 한다.
- 섹스는 자연의 한 부분이므로, 성 행위 자체가 원칙적인 측면에서 부자연스러울 것은 없다.
- 섹스는 철저하게 개인적인 관계에서 맺어져야 하며, 친숙한 분위기 속에서 이루어져야 한다. 자신을 억제할 수 없는 곳에서는 섹스를 하지 말아야 한다.
- 아내의 허락 없이 강제로 아내와 섹스 행위를 해서는 안 된다. 아내가 거절할 때 힘으로 강요해서는 안 된다.

교육

- 자신을 안다는 것은 곧 지혜가 있다는 뜻이다.
- 학교가 없는 곳이 있다면, 그곳은 사람 사는 곳이 아니다.
- 기억력을 높이는 데 가장 좋은 약은 감동시키는 것이다.
- 값이 비싼 귀한 진주를 잃어버리면, 그것을 찾기 위해서는 값이 싼 양초를 사용한다.
- 고양이에게서는 겸손을 배울 수 있고, 개미에게서는 정직을 배울 수 있다. 그리고 비둘기에게서는 정절을 배울 수 있으며, 수탉으로부터는 재산을 지키는 권리를 배울 수 있다.
- 어린아이를 가르치는 것은 백지 위에 무엇인가를

채워가는 것과 같다.

노인을 가르치는 것은 빽빽이 채워진 종이 위에 또다시 무엇인가를 채우도록 하는 것과 같다.

● 칼을 가지고 일어서려는 사람은 책을 가지고 일어설 수가 없다. 또한 책을 가지고 일어서려는 사람은 칼을 가지고 일어서지 못한다.

● 향수를 파는 가게에 들어갔다가 나오면, 향수를 사지 않았더라도 향기가 묻어나온다.

● 가죽공장에 들어갔다가 나오면, 가죽으로 만든 물건을 사지 않았더라도 역한 냄새가 난다.

● 의사로부터 충고를 받았다고 해서 의사에게 대가를 치를 필요는 없다.

● 빈한한 집안의 아들은 칭송받을 것이다. 우리 모두에게 지혜를 주는 사람이 바로 그들이기 때문이다.

Part 5

생각하며 사는 삶

장님과 등불

In an instant illumination can be achieved, it is as easy as turning on a light;
the problem is finding the switch in the dark.

득도를 한다는 것은 불을 켜는 것처럼 쉬워 보이지만,
문제는 캄캄한 어둠 속에서 스위치를 어떻게 찾느냐 하는 점이다.

어떤 사람이 캄캄한 밤에 거리를 지나고 있었다. 그때
맞은편에서 장님이 등불을 들고 걸어오는 것이 보였다.
이 사람은 그 이유를 알 수가 없어, 장님에게 넌지시 물
어보았다.
"앞도 보지 못하면서, 불은 왜 들고 다닙니까?"
그러자 장님이 이렇게 대답했다.
"내가 불을 들고 걸어가면, 눈 뜬 사람들이 나를 알아
보고 피할 수 있을 테니까요."

악한 사람들을 대하는 태도

지나가던 랍비들이 악당들과 마주치게 되었다. 이 악당들은 모든 사람들이 고개를 절레절레 흔들 정도로 교활할 뿐만 아니라 잔혹하기 이를 데 없는 족속들이었다.

어떤 랍비가 작은 목소리로 말했다.

"저런 인간쓰레기들은 모두 물에 빠져 죽어버렸으면 좋겠습니다."

그러자 다른 랍비가 이렇게 말했다.

"아닙니다. 종교를 갖고 있는 사람으로서 그런 생각을 하면 안 됩니다. 사람이 아무리 악하다고 한들 죽으라고 할 수는 없습니다. 그저 저들이 자신들의 죄가 무엇인지를 깨닫고 회개하기를 바라야 옳은 일입니다. 악한 사람들을 벌하는 것은 저희에게 아무 도움이 되지 않습

니다. 그런 사람들로 하여금 스스로 잘못을 깨우치고
좋은 사람이 되게 하지 않는 한, 결국 그 손해는
우리에게 돌아올 뿐입니다."

복수와 증오

A honeyed tongue with a heart of gall.
입에는 꿀, 배 안에는 칼.

어떤 남자가 친구에게 낫을 빌려달라고 부탁하자, 그 친구는 한 마디로 싫다고 거절했다.

며칠이 지난 다음, 이번에는 반대로 앞서 거절했던 친구가 찾아와 그 남자에게 부탁했다.

"말 좀 빌려주게."

남자는 이렇게 대답했다.

"네가 낫을 빌려주지 않았으니, 나도 말을 빌려줄 수 없어."

이것은 복수이다.

낫을 빌려주지 않았던 친구가 말을 빌려달라고 찾아왔을 때, 이렇게 대답할 수도 있다.

"너는 내게 낫을 빌려주지 않았어. 하지만 나는 네게

말을 빌려주겠네."

이것은 증오이다.

아담의 빵과 옷

이 세상 최초의 인간인 아담은 빵 한 쪽을 얻기 위해 얼마나 노력했을까?

먼저 밭을 간 다음, 씨를 뿌렸을 것이다. 그리고 밭을 가꾸고, 한참이 지난 후에 수확했을 것이다. 다시 수확한 것을 갈아 가루로 만든 다음, 그것을 반죽하여 구워 먹었을 것이다.

그러나 지금은 돈만 있으면 어디에서나 이미 구워진 빵을 쉽게 살 수 있다. 옛날에는 혼자서 했던 모든 일을 요즘에는 여러 사람이 나누어 하고 있기 때문이다.

따라서 우리는 빵을 먹을 때마다 수많은 사람들의 노고에 감사하는 마음을 가져야 한다.

이 세상 최초의 인간인 아담은 옷 하나를 만들기 위해

서도 많은 노력을 했을 것이다. 양을 사로잡아 키우다가, 양의 털이 길어지면 그 털을 깎고, 그 털로 실을 만들어 천을 짜고, 그것으로 다시 옷을 만들어 입기까지 많은 노력이 들어갔을 것이다.

그러나 지금은 돈만 있으면 옷가게에서 마음에 드는 옷을 사 입을 수가 있다. 옛날에는 혼자서 했던 모든 일을 요즘에는 여러 사람이 나누어 하고 있기 때문이다.

따라서 우리는 옷을 입을 때마다 수많은 사람들의 노고에 감사하는 마음을 가져야 한다.

마지막 날에 창조된 인간

성서에 의하면, 이 세상의 만물은 6일간에 걸쳐 창조되었다. 인간은 그 중 맨 마지막 날인 제6일에 만들어졌다.

인간이 맨 마지막 날에 창조된 이유를, 탈무드는 이렇게 설명하고 있다.

파리조차도 인간보다 먼저 만들어졌다는 것은 인간이 결코 오만해지거나 교만해져서는 안 된다는 뜻이다.

따라서 인간은 자연에 대해 겸허한 자세를 가져야 한다는 것이다.

남자와 여자의 차이점

A man's best fortune, or his worst, is his wife.
남자가 가지고 있는 최고의 재산 또는 최악의 재산은 바로 그의 아내이다.

같이 잘 살던 어떤 부부가 이혼을 하게 되었다. 두 사람 다 나쁜 사람들은 아니었다.

이혼한 지 얼마 지나지 않아, 남편은 다른 여자와 재혼했다. 그러나 결혼 운이 없었든지, 새로 만난 아내는 심성이 아주 고약했다. 그러다 보니 남편의 심성까지도 날로 악하게 변해갔다.

이혼한 아내도 재혼을 했다. 그런데 새로 만난 남자는 아주 나쁜 남자였다. 그러나 이 남자는 차츰 착한 남편으로 바뀌었다.

남자는 언제나 여자에 의해서 그 모습과 성격이 달라지게 마련이다.

남자의 일생 7단계

탈무드에서는 남자와 일생을 다음과 같이 7단계로 나눈다.

1. 한 살 : 임금님. 누구나가 임금님을 모시듯이 떠받들고 달래며 비위를 맞추어주는 단계.
2. 두 살 : 돼지. 흙탕물이든 아니든 아무 데나 뛰어드는 단계.
3. 열 살 : 어린 양. 마음껏 웃고 떠들고 뛰어다니며 노는 단계.
4. 열여덟 살 : 망아지. 다 자랐다고 자기 힘을 자랑하고 싶어하는 단계.
5. 결혼을 한 뒤 : 당나귀. 가정이라는 무거운 짐을 지고

힘겨운 발걸음을 내딛어야 하는 단계.

6. 중년 : 개. 가족의 부양을 책임지기 위해 다른 사람들의 호의를 개처럼 구걸하는 단계.

7. 노년 : 원숭이. 어린아이나 다름없이 되지만, 아무도 관심을 가져주지 않는 단계.

강자와 약자

One tiny insect may be enough to destroy a country.
조그만 벌레 한 마리가 나라를 무너뜨릴 수도 있다.

세상에는 약자이면서도 강자에게 공포감을 불러일으키게 하는 것 네 가지가 있다. 바로 다음과 같은 것들이다.

첫째, 모기이다. 모기는 사자에게는 그야말로 공포의 대상이다.
둘째, 거머리이다. 거머리는 등치가 산더미만한 코끼리가 봐도 징그러운 놈이다.
셋째, 파리이다. 아무리 사납다는 전갈도 파리에게는 꼼짝 하지 못한다.
넷째, 거미이다. 하늘의 날쌘돌이 매도 거미줄에는 공포감을 느낀다.

어떤 강자에게든 항상 천적은 존재하기 마련이다. 아무리 힘없고 보잘것없는 미물이라도, 조건만 충분히 갖춰지면 강자를 이길 수 있다.

선(善)과 악(惡)의 동행

The wed of our, life is of a mingled yarm,
good and ill together.

우리 인생의 옷감은 선과 악이 뒤섞인 실로 짜여진 것이다.

옛날 대홍수가 이 세상을 휩쓸자, 온갖 동물들이 노아의 방주로 몰려들어 구원을 요청했다.

이때 선(善)도 급히 달려왔으나, 노아는 짝이 없는 것은 배에 태워줄 수 없다고 하면서 매정하게 승선을 거절했다.

선은 할 수 없이 다시 숲으로 돌아가, 자기 짝인 악(惡)을 찾아서 데리고 돌아왔다.

이때부터 선이 있는 곳에는 언제나 악이 함께 있게 되었다.

아담의 갈비뼈를 훔친 도둑

어느 날 로마 황제가 랍비의 집을
방문하여 이런 질문을 했다.
"하느님은 결국 도둑 아닙니까?
아담이 잠자고 있는 사이에 허락
도 없이 갈비뼈를 훔쳐가지 않았습니까?"
황제의 어이없는 질문에 옆에 있던 랍비의 딸이 나섰
다.
"제게 좀 난처한 일이 있어서 그러는데, 저에게 황제
폐하의 부하를 한 명 빌려주실 수 있겠습니까?"
그녀의 말에 황제가 그 이유를 물었다.
"어려운 부탁은 아니지만, 도대체 그 난처한 일이란 게
무엇인가?"

245

Women prefer poverty with love to luxury without it.

여자는 사랑이 없는 호화로운 생활보다는 사랑이 있는
빈곤한 생활을 더 바라는 법이다.

그녀가 아뢰었다.

"어젯밤에 도둑이 들어 저희 집 금고를 훔쳐갔습니다.
그런데 그 도둑이 금고가 있던 자리에 황금 항아리를
두고 갔습니다. 그래서 그 자초지종을 조사해보고 싶습
니다."

그러자 황제가 말했다.

"그래? 그것 참 부럽군. 그런 도둑이라면 나한테 찾아
와도 좋을 텐데 말이야!"

황제의 말에 랍비의 딸이 이렇게 대답했다.

"그러실 겁니다. 하지만, 결국 아담의 갈비뼈 한 대를
훔친 것이나 도둑이 금고를 훔쳐간 것이나 마찬가지 아
니겠습니까? 하느님은 갈비뼈 하나를 몰래 가져가는 대
신에 이 세상에 여자를 남기신 것입니다."

안식일(安息日)

If thou covetest riches, ask not but for contentment,
which is an immense treasure.

아무리 부가 탐난다 해도, 자신의 만족에서 벗어난 것이면 눈을 돌리지 말아야 한다.
자기만족이야말로 가장 훌륭한 재산이기 때문이다.

어느 안식일 오후에, 로마의 황제가 평소 잘 알고 있던 랍비의 집을 방문했다.

불쑥 나타난 황제에게 랍비는 특별히 내놓을 것이 없었다. 준비할 시간이 없었기 때문이었다. 그러나 황제는 랍비가 내놓은 변변찮은 음식을 맛있게 들며 함께 노래하고, 탈무드에 나오는 이야기로 시간 가는 줄 몰랐다. 황제는 아주 만족한 표정을 지으며, 수요일에 다시 찾아오겠다는 말을 남기고 떠났다.

황제는 약속대로 수요일에 다시 랍비의 집을 방문했다. 사람들은 황제가 올 것을 미리 알고 있었으므로 만반의 준비를 해놓고 그를 기다렸다. 제일 좋은 그릇을 꺼내놓았고, 안식일에는 쉬던 하인들까지 전부 나와 황제를 맞이했다. 요리사가 없어서 찬 음식밖에 대접하지 못했던 안식일과는 달리 제대로 된 따뜻한 음식들이 가득 차려졌다.

그러나 황제는 무언가 만족스럽지 않은 표정을 지으며 랍비에게 물었다.

"안식일인 토요일에 먹던 음식이 참 맛있었는데…. 그때는 음식 안에 무슨 조미료를 넣었었습니까?"

그러자 랍비가 이렇게 말했다.

"오늘은 그 조미료를 구할 수가 없었습니다."

황제가 자신만만하게 말했다.

"아니, 구할 수가 없다니요? 로마 황제인 내가 무엇이든 구해다 드리지요. 말씀만 하세요."

랍비가 다시 말했다.

"이 세상에 조미료는 많지요. 하지만 유태의 '안식일'이라는 조미료, 이것만은 로마 황제이신 당신이 아무리 애쓴다 해도 구할 수 없는 것입니다."

248

자기암시

로마 군대의 어떤 장교가 랍비를 보더니, 자신이 그날 밤 무슨 꿈을 꾸게 될지 알려달라고 했다. 그러자 랍비가 이렇게 대답했다.

"로마의 가장 큰 적인 페르시아 군이 로마를 대파하고 지배한 후, 로마 사람들을 노예로 삼아 궂은 일만 시키는 꿈을 꾸게 될 겁니다."

다음날, 그가 다시 랍비를 찾아와 물었다.

"아니, 내가 어떤 꿈을 꾸리란 것을 어떻게 알았습니까?"

그러나 랍비는 아무런 대꾸도 하지 않은 채 침묵만 지켰다.

꿈이란 것은 자기암시에서 비롯된다. 하지만 랍비는 그

*True miracles are created by men when they use the courage
and intelligence that God gave them.*

진실한 기적은 신에 의해 주어진 용기와 지성을
최대한으로 발휘할 수 있는 사람에게 부여되는 것이다.

장교가 자기암시에 걸려 그런 꿈을 꾸게 되었다는 것을
얘기해줄 수가 없었다.

유태인과 하드리아누스 황제

로마 황제들 중에서 유태인을 가장 싫어했던 황제는 하드리아누스이다.

하드리아누스 황제가 지나갈 때, 어떤 유태인이 공손하게 예의를 갖추며 인사를 했다.

그러자 황제가 그의 신분을 물었다. 그가 유태인이라고 대답하자, 황제는 화를 내며 부하에게 명령했다.

"건방진 놈! 유태인 주제에 감히 로마 황제인 내게 인사를 하다니! 당장 저 유태인의 목을 쳐라!"

다음날, 또 다른 유태인은 황제가 지나가는 것을 보았지만 인사를 하지 않았다. 그러자 황제는 그의 신분을 물은 뒤 유태인이라는 대답이 돌아오자, 다시 화를 내며 명령을 내렸다.

"건방진 놈! 유태인 주제에 감히 로마 황제인 내게 인사를 하지 않다니! 당장 저 유태인의 목을 쳐라!"

옆에 있던 신하들이 황제에게 그 이유를 물어보았다.

"어제는 인사를 한 죄로 유태인을 죽이셨는데, 오늘은 인사를 하지 않은 죄로 유태인을 죽이셨습니다. 어느 쪽이 옳은 것입니까?"

황제가 대답했다.

"양쪽 다 옳은 것이다. 유태인을 다룰 때는 나처럼 다뤄야 한다."

하드리아누스 황제는 워낙 유태인들을 미워했기 때문에, 유태인이 무슨 일을 하든지 간에 단지 유태인이라는 사실 하나만으로 그들의 목숨을 빼앗았던 것이다.

마법의 사과

어떤 임금님에게 외동딸이 있었는데, 어느 날 그 딸은 중병에 걸려 몸져 누웠다. 의사는 세상에 둘도 없는 신통한 약을 먹이지 않는 한 살아날 가망이 없다고 하였다.

고심하던 임금님은 자기 딸의 병을 고쳐주는 사람을 사위로 삼는 것은 물론, 다음번 임금의 자리까지도 물려주겠다고 포고문을 붙였다.

당시 아주 외딴 시골에 삼형제가 살고 있었는데, 그 가운데 맏이가 망원경으로 그 포고문을 보게 되었다. 그래서 사정을 알게 된 삼형제는 함께 힘을 합쳐 임금님 외동딸의 병을 고쳐보자고 의논하였다.

삼형제 중 둘째는 어디든 금방 날아갈 수 있는 마법의

253

융단을 갖고 있었고, 셋째는 먹기만
하면 어떠한 병도 낫게 하는 마법의
사과를 갖고 있었기 때문이었다.

그래서 삼형제는 서둘러 마법의 융
단을 타고 왕궁으로 가서 공주에게 마
법의 사과를 먹게 했다. 그러자 정말 신통하게도 공주
의 병이 씻은 듯 낫게 되었다. 임금님은 크게 기뻐하며,
이미 약속했던 것처럼 삼형제 중 한 명을 사위로 맞아
들여 왕위를 물려주겠다고 했다.

이 문제를 두고 삼형제끼리 서로 의논하는 자리에서 첫
째가 말했다.

"내가 망원경으로 포고문을 보지 못했다면, 공주가 아
픈 것도 몰라 우리들은 이곳에 오지 못했을 거야."

이번에는 둘째가 말했다.

"누가 뭐래도 마법의 융단이 없었다면, 이렇게 먼 곳까
지 올 수 없었을 거라구."

두 사람의 말을 듣고 있던 셋째가 말했다.

254

"그렇지만 마법의 사과가 없었다면, 공주의 병을 치료할 수 없었을 것 아냐?"

만약 그대가 임금님이라면 삼형제 가운데 누구를 사윗감으로 정하겠는가?

답은 사과를 갖고 있었던 셋째이다.

왜냐하면 망원경을 갖고 있던 첫째는 여전히 그 망원경을 갖고 있고, 융단을 갖고 있던 둘째도 왕궁까지 타고 온 융단을 여전히 갖고 있다. 하지만 사과를 갖고 있던 셋째는 사과를 임금님의 외동딸에게 주어버렸으므로 아무것도 갖고 있지 않다. 그녀를 위해 셋째는 자신이 갖고 있던 모든 것을 주었던 것이다.

이와 같이 〈탈무드〉에서는 '무엇인가를 해줄 때는 갖고 있는 모든 것을 바치는 게 가장 중요하다'고 가르친다.

악마의 선물

태초에 인간이 포도나무를 심고 있을 때, 악마가 찾아
와서 물었다.

"무엇을 하고 있느냐?"

인간이 대답했다.

"지금 기가 막히게 좋은 열매가 달리는 식물을 심고 있
는 중일세."

악마는 믿지 못하겠다는 듯 고개를 갸우뚱했다.

인간은 악마에게 다음과 같이 설명해 주었다.

"이 식물이 자라면 아주 달콤하고 맛있는 열매가 주렁
주렁 열리게 된다네. 그 열매의 즙을 짜서 마시면 누구
나 행복해진다구."

악마는 인간에게 자기도 함께 식물을 키우게 해달라고

애원하고는, 양과 사자와 원숭이와 돼지를 차례로 끌고
왔다. 그리고는 그 짐승들을 죽인 다음 그 피로 차례차
례 거름을 주었다.

포도주는 이렇게 해서 세상에 처음 생겨났다.

그래서 술을 처음 마시기 시작할 때는 양처럼 온순하지
만, 조금 더 마시면 사자처럼 사나워지고, 그보다 더 마
시면 원숭이처럼 춤추고 노래 부르게 된다. 그 상태에
서 더욱 많이 마시게 되면 토하고 뒹굴고 하면서 돼지
처럼 추해지는데, 이는 악마가 인간들에게 준 선물이기
때문이다.

자루

쇠붙이란 것이 처음 만들어졌을 때, 세상에 있는 모든 나무들이 두려움에 떨고 있었다.
그러자 하느님께서 나무들을 보며 이렇게 안심시켰다.
"결코 걱정할 것이 없느니라. 쇠는 너희들이 자루를 제공하지 않는 한 너희들을 해칠 수 없다."

하느님

어떤 로마인이 랍비를 찾아와서 이렇게 말했다.

"당신들은 하느님 이야기만 하고 있는데, 도대체 그 하느님이 어디에 있는지 가르쳐 주시오. 내가 납득할 수 있게끔 가르쳐 주면 나도 그 하느님을 믿도록 하겠소."

몹시 심술궂은 질문이었지만, 랍비는 이를 못 들은 척할 수가 없었다.

랍비는 그 로마인을 밖으로 데리고 나가 태양을 가리키며 말했다.

"저 태양을 똑바로 쳐다보시오."

그러자 로마인은 태양을 잠깐 쳐다보고는 소리쳤다.

"엉터리 같은 소리는 집어치우시오! 어떻게 태양을 똑바로 쳐다볼 수 있단 말이오."

그러자 랍비가 다음과 같이 말했다.

"하느님께서 창조하신 많은 것들 가운데 하나인 태양
조차 바로 볼 수 없다면, 어떻게 위대하신 하느님을 눈
으로 볼 수 있겠소?"

독일판 탈무드

나치의 수용소에서 6백만 명이나 되는 엄청난 유태인
들이 학살되고 나머지 사람들이 구출되었다.

살아남은 유태인들은 미국의 트루먼 대통령에게 답례
로 〈탈무드〉를 선사했다.

그런데 그 〈탈무드〉는 제2차 세계대전 후 독일에서 인
쇄된 책이었다.

그만큼 철저하게 유태인들을 전멸시키려고 애썼던 독
일에서조차 〈탈무드〉가 발행되었다는 사실은, 〈탈무
드〉의 위대함을 새삼 입증해 주는 증거라 할 수 있다.

일곱[7]이란 숫자

유태인은 '일곱[7]'이라는 숫자를 매우 중요하게 여긴다.

한 주일의 일곱 번째 날은 안식일이다. 또한 일곱 번째 해에는 밭을 갈지 않고 땅을 쉬게 한다.

그리고 마흔아홉 번째(7년이 7번 돌아오는) 해는 매우 경사스런 해로, 밭을 갈지 않을 뿐만 아니라 빌려준 돈도 탕감해 준다.

일년에 두 번 있는 대축제인 유월절과 초막절은 각각 7일 동안 계속된다.

유태의 달력은 세계에서 가장 정확하다. 노예로 잡혀 있던 이집트에서의 탈출은 유태 역사에서 가장 중요한 일이니만큼, 그날을 첫 번째 달의 첫 날로 삼고 그로부터 일곱 달 뒤에 새해가 된다.

예를 들어 말하자면, 미국의 신년은 1월 1일이지만 미국에서 가장 중요한 첫 달은 미국이 독립한 7월이다. 따라서 미국의 회계 연도나 학교의 연도도 모두 7월에 시작된다.

그와 마찬가지로, 유태인들도 이집트에서 탈출하여 자유를 얻은 때를 첫 달로 삼는다. 그래서 이 첫 달에 유월절 축제를 열고, 일곱째 달에 새해를 맞이하며 초막절 축제를 갖는다.

용서받는 거짓말

어느 경우에 한해 거짓말을 해도 용서받을 수 있을까?
〈탈무드〉는 다음의 두 가지 경우에는 거짓말을 해도
좋다고 말하고 있다.

첫째, 어떤 사람이 이미 물건을 구입한 후에 어떠냐고
의견을 물으면, 설령 그것이 좋지 않다고 해도 좋다고
거짓말을 하라.

둘째, 친구가 결혼을 했을 때는 무조건 '부인이 정말
미인이니 부디 행복하게 살라' 고 거짓말을 하라.

사형 판결

탈무드 시대에는 법원에서 사형 판결을 내릴 경우, 그 판결이 판사들의 만장일치로 이루어지면 무효로 처리했다. 재판에서는 항상 두 가지 견해가 존재하기 마련인데, 한 가지 견해밖에 나타나지 않은 것으로 보아 재판의 공정성에 문제가 있었다고 생각했기 때문이다.

그래서 사형이라는 극형을 결정할 때에도 판사 전원의 만장일치로 판결이 되었다면 그것은 무효라는 판례가 남겨졌다.

두 가지 견해

랍비가 어떤 두 사람에게 이렇게 말했다.

"나는 랍비이므로, 사람들은 나를 전적으로 믿고 있소. 나는 두 사람에게 돈을 빌렸는데, 한 사람에게는 만 원을 빌리고 다른 한 사람에게는 2만 원을 빌렸소. 그런데 어느 날 두 사람이 찾아와서 둘 다 2만 원씩 갚으라고 주장했소. 그러나 나는 누구에게서 2만 원을 빌렸는지 기억할 수가 없소. 이럴 때는 과연 어떻게 하면 좋겠소?"

이에 대하여 〈탈무드〉에는 두 가지 견해가 있다.

"누구에게 2만 원을 빌렸는지는 기억할 수 없지만, 적어도 두 사람에게 만 원씩을 빌린 것만은 틀림없다. 한 사람은 만 원을 더 빌려주었으나 지금으로서는 알 수가 없으므로, 두 사람에게 먼저 만 원씩을 갚는다. 그리고 나머지 만 원은 증거가 나올 때까지 법정에 맡겨둔다."

이것은 다수 의견이다. 이에 반하여 아래와 같은 소수 의견도 있다.

"두 사람 중 한 명은 도둑이다. 그는 만 원밖에 빌려 주지 않고서 만원을 더 받아내려고 한다. 그런데 똑같이 만 원씩을 돌려준다면, 그 도둑에게는 손해될 것이 하나도 없다. 그렇게 해서는 사회정의가 실현되지 않는다. 도둑이나 악인이 이득을 보거나 벌을 받지 않고 넘어가는 것은 사회정의에 어긋난다. 그러니 두 사람에게 한 푼도 돌려주지 말고 진실이 밝혀질 때까지 법정에 예치해 두어야 한다."

그러면 도둑 쪽에서는 만 원마저 돌려받지 못하면 손해가 되므로, 집에 가서 장부를 다시 살펴보니 2만 원이 아니라 만 원이었다고 하면서 다시 올 가능성도 있다는 것이다.

아기인가? 산모인가?

어느 유태인 산모가 심한 난산으로 목숨이 위태로운 상
황에 처했다. 초산이었던 산모는 출혈이 심해 몹시 고
통스러워하고 있었다. 검진을 마친 의사는 산모와 아기
중 한 사람밖에 구할 수 없다고 말했다.

두 부부는 첫 아기를 몹시 기다리고 있었다. 산모는 자
기가 죽더라도 아기만은 살리고 싶다고 애원했다. 이야
기의 결론이 나지 않자, 결국 랍비에게 결정권이 주어
졌다.

랍비는 먼저 이렇게 말했다.

"지금 내리는 결정은 내 개인적인 생각에 의한 것이 아
니고 〈탈무드〉와 유태의 오랜 전통에 따르는 것이니,
이를 반드시 따르겠는가?"

두 부부는 그것이 유태의 전통에 의한 결정이라면 받아들이겠다고 동의하였다.

랍비는 아이는 희생시키고 산모를 구하라고 결정을 내렸다. 그러자 산모는 그것은 살인 행위라고 반대하였다.

하지만 유태의 전통에 의하면, 태어나기 전의 아기는 생명이 없는 것으로 되어 있다. 뱃속의 태아는 산모의 일부분인 것이다. 생명을 구하기 위해서는 몸의 일부분, 즉 팔이나 다리를 잘라내는 경우가 있을 수 있다. 유태의 전통에서는, 만약 이러한 경우가 생긴다면 반드시 산모의 생명을 구하도록 정하고 있다.

두 부부는 랍비가 결정한 대로 좇았다. 산모는 무사히 생명을 구했고, 그 뒤 곧 두 번째 아이가 이 세상에 태어났다.

더 붉은 피

한 사람이 심한 병에 걸렸는데, 어떤 새로운 약을 구해 먹지 않으면 치료할 수 없는 지경에 이르렀다. 그런데 그 약은 좀처럼 구하기가 어려운 약이었다. 생산량이 적은 데 비해 수요가 너무 많았기 때문이었다.

사정이 다급해지자, 환자의 가족이 랍비를 찾아가 그 약을 구해 달라고 간청했다.

랍비는 곧 의사인 자신의 친구에게 연락하여 환자를 살려 줄 수 없느냐고 진심으로 부탁했다.

그러자 랍비의 부탁을 받은 의사가 이렇게 말했다.

"만약 자네 부탁대로 그 약을 구해 준다면, 그 약을 구하지 못하는 누군가가 생길 것이네. 그러면 그로 인해 그 사람이 죽을지도 모르네. 그런데도 자네는 약을 꼭 구해, 자네가 아는 환자 가족에게 주어야겠는가?"
랍비는 이 말을 듣고, 잠깐 생각을 정리할 필요가 있어
대답을 미루고 〈탈무드〉를 찾아보았다.

"만약 어떤 사람이 죽음으로써 내 목숨이 살아날 수 있
는 경우가 있다면 어떻게 하겠는가? 그 사람을 죽이지
않으면 내가 죽게 될 경우에는 어떻게 하겠는가?
자신의 생명을 구하기 위해 남을 죽여서는 안 된다. 어
떻게 자기의 피가 다른 사람의 피보다 더 붉다고 할 수
있는가? 어느 누구의 피도 다른 사람의 피보다 더 붉을
수는 없는 것이다."

이 말을 음미해 보면, 그 누구라도 그 새로운 약을 구하
지 못해 죽어갈지도 모를 사람의 피보다 더 붉다고 말
할 수 없는 것이다.
그래서 랍비는 환자의 가족에게 이런 사정을 어떻게 설
명해야 할지 난감했다. 자신이 맡고 있는 교구에 속한

271

사람의 목숨이 위태로운 지경인데도, 〈탈무드〉의 가르침에 따라 그 환자의 죽음을 바라보고만 있어야 하는 상황이 답답했다.

하지만 랍비는 끝내 약을 구하지 않기로 결심했고, 결국 그 환자는 죽고 말았다.

세 명의 경영자

두 사람의 동업자가 있었다. 이들은 맨손으로 시작해 작은 임대 빌딩을 지었고, 지금은 많은 사람들이 인정하는 사업가로 성공했다.

두 사람 다 별다른 경험은 없었지만, 매우 부지런한 성격 때문에 사업이 날로 발전해 크게 성공을 거뒀다.

어느 날, 두 사람은 새삼스럽게 자기들이 벼락치기로 성공했다는 사실을 깨달았다. 두 사람이 동업을 했지만 문서상으로 어떤 약속을 했던 바는 없었다. 두 사람이 살아 있는 동안에는 별 문제가 없겠으나, 앞으로 자식들을 낳아 대를 잇게 되면 말썽이 일어날지도 모를 일이어서 둘은 이를 방지하기 위해 계약을 맺기로 하였다.

그런데 정식으로 계약이 끝나자, 두 사람 사이에는 사소한 일에도 충돌이 자주 일어났다. 이를테면 너는 현장을 책임지고 나는 본사를 책임진다는 따위의 문제에서부터 사소한 사항까지를 일일이 정하려 했기 때문에, 서로 상대방보다 유리한 입장을 차지하려는 욕심이 생겨났던 것이다.

처음 함께 사업을 시작할 때는 두 사람 사이에 아무런 충돌이나 시비도 없었던 터라, 이들은 지금의 문제가 생기자 랍비를 찾아가 상담을 청했다.

이들의 문제는 누가 옳고 그르고를 판단하는 것이 아니라서, 랍비로서도 결론을 내리기가 쉽지 않았다.

두 사람 가운데 한 사람은 주로 생산을 담당하였고, 또 한 사람은 영업을 맡고 있었다. 분쟁의 골자는, 한 사람은 '내가 좋은 상품을 만들었기 때문에 성공할 수 있었다'고 하고, 또 한 사람은 '내가 영업을 잘했기 때문에 성공할 수 있었다'고 주장하는 데 있었다.

랍비는 '맨손으로 어렵게 일으켜놓은 사업을 두 사람

의 반목으로 쓰러뜨리는 것은 참으로 우매한 일이다'
라고 충고한 뒤, 〈탈무드〉에 나오는 짧은 이야기를 들
려주었다.
 '아이가 이 세상에 태어날 때, 그 아이는 아버지와 어
머니 그리고 하느님에게서 생명을 받는다. 그러나 자라
남에 따라 그 아이에게 생명을 주는 사람이 하나 더 늘
어난다. 그 아이를 가르치는 스승이 바로 그 사람이다.'

랍비는 두 사람에게 물었다.
"당신들 회사의 경영자는 누구입니까?"
그들은 자기네 두 사람이라고 대답하였다.
그러자 랍비는 그들에게 이렇게 말했다.
"그렇다면 하느님도 당신들 회사의 경영자로 참여시키
면 어떻겠소? 하느님은 이 세상 모든 일에 관여하고 계
시오. 두 사람이 자기만의 주장을 내세울 게 아니라, 이
세상의 모든 일은 하느님이 주관하는 일이므로 하느님
을 경영자로 넣어도 괜찮을 것 같소."

두 사람은 실제로 공동으로 이끌어온 회사의 단독 경영
자가 되고 싶어서 분쟁을 벌였던 것이다.

랍비는 이렇게 충고하였다.

"두 사람의 회사인 것은 사실이지만, 동시에 하느님의
회사라고도 할 수 있소. 두 사람은 유태인 사회를 위해
서, 더 나아가 유태인 나라를 위해 일하고 있소. 그러므
로 너무 내 것이라는 생각만 하지 말고, 우리들은 책임
진 의무를 다하고 있을 뿐이라고 생각하게 되면 누가
사장이 되건 크게 마음 쓸 일이 아니라는 것을 깨달을
것이오. 그렇게 되면 생산을 맡은 사람은 좋은 제품을
만드는 데만 전념하게 되고, 영업을 맡은 사람은 판매
하는 데만 힘을 쏟게 될 것이오."

이후부터 두 사람의 회사는 순조롭게 잘 운영되었다.
수익금에서 일정액을 떼어 자선 사업에 내놓기로 하고
그것을 목표로 삼아 일하였으므로, 회사 대표를 별도로
정하지 않았어도 사업은 날로 번창하였다.

현자를 찾아가는 사람들의 유형

현자를 찾아가는 사람들은 세 가지 유형으로 나눌 수
있다.

1. 스펀지 유형 : 무엇이든 좋다면서 무조건 흡수하려고
   하는 유형.
2. 터널식 유형 : 한쪽 귀로 듣고, 다
   른 한쪽 귀로 흘려버리는 유형.
3. 의문이 많은 유형 : 중요한 것
   과 중요하지 않은 것을 꼭 걸
   러내려고 하는 유형.

처신

● 선행을 외면하고 마음의 문을 닫으면, 머지않아 의사에게 문을 열어줘야 한다.

● 다른 사람 앞에서 부끄러워할 줄 아는 것과 자기 자신 앞에서 부끄러워할 줄 아는 것은 전혀 다른 것이다.

● 명성은 좇아가면 잡을 수 없지만, 피하려고 하면 저절로 따라온다.

● 올바르지 못한 사람은 자신의 욕망에 지배당하지만, 올바른 사람은 자신의 욕망을 지배할 수 있다.

● 다른 사람이 자기를 칭찬하도록 만들 수 있다면 좋은 일이다. 그러나 자기가 자기를 칭찬하는 것은 옳은 일이 아니다.

● 나무는 그 열매를 보면 알 수 있듯이, 사람은 그가

이룩한 업적을 보면 알 수 있다.

● 항아리는 동전이 몇 개 되지 않으면 시끄럽게 소리가 나지만, 가득 차면 오히려 조용하다.

● 항아리의 모양만 보지 말고 그 안에 무엇이 담겨 있는지를 살펴보라.

● 오이는 싹이 갓 돋은 상태만으로는 그 맛을 예측할 수 없다.

● '혀'에게는 '저는 잘 모르겠습니다'라는 말을 부지런히 가르쳐야 한다.

● 도둑도 도둑질을 하지 않을 때는 자신을 도둑이라고 생각하지 않는다.

● 의사가 무료로 처방전을 써준다면 그것을 믿지 마라.

● 다른 사람의 도움을 받아 잘 사는 것보다는, 차라리 가난하게 사는 것이 더 낫다.

● 맛있는 요리를 한 번 실컷 먹고 그 다음날부터 굶느니보다는, 평생 양파만 먹고 사는 게 더 낫다.

279

● 이 세상에는 너무 지나치면 안 될 여덟 가지가 있다.
여자 · 돈 · 술 · 잠 · 일 · 약 · 향수 · 여행이 그것이다.

● 장미는 가시와 가시 사이로 꽃을 피운다.

● 아랫사람의 말을 귀담아 듣는 사람과, 젊은이의 말
에 귀를 기울이는 노인이 함께 있는 세상은 복된 세상
이다.

● 좋은 음악, 조용한 풍경 그리고 그윽한 향기는 사람
의 마음을 포근하게 해준다.

● 좋은 가정, 좋은 아내, 좋은 옷은 사람들에게 자신
감을 안겨주는 세 가지 요소이다.

● 사람을 빨리 늙게 하는 요인에는 공포 · 분노 · 자
녀 그리고 악처라는 네 가지가 있다.

● 아무리 부자라도 남을 위해 베풀 줄 모르는 사람은
소금을 치지 않은 진수성찬과 같다.

● 불이 켜진 양초 하나로 수많은 양초에 불을 붙여도,
원래의 불빛이 약해지는 것은 아니다.

● 스승보다 더 배우면 인생이 더욱 풍요롭게 되고, 사

색을 많이 하면 그만큼 지혜도 많이 쌓인다.

● 사람들을 만나 유익한 얘기를 들으면 좋은 길이 열리고, 자선을 많이 베풀면 그만큼 널리 평화가 깃든다.

● 좋은 항아리를 얻으면 바로 그날부터 사용하라. 내일이면 깨져 못쓰게 될지도 모른다.

● 이 세상에는 너무 과하게 사용해서는 안 되는 세 가지가 있다. 빵에 넣는 이스트와 소금과 망설임이다.

● 전당포는 과부와 어린 아이들의 물건을 맡아서는 안 된다.

● 행동은 말보다도 오히려 목소리가 크다.

Part 6

분별하며 사는 삶

다섯 가지 부류의 삶

Life is half spent before one knows what life is.

우리들이 인생의 참된 의미를 깨달았을 때는 이미 인생의 절반 이상이 지난 후이다.

배 한 척이 외롭게 바다 위를 항해하고 있었다. 그런데 도중에 갑자기 폭풍우가 일어, 높은 파도에 휩쓸려 그만 뱃길을 잃고 말았다.

다음날, 날이 밝자 바다는 언제 그랬느냐는 듯이 이미 평온을 되찾고 있었다.

길을 잃은 배 앞으로 섬 하나가 보였다. 사람들은 그 섬에 닻을 내리고, 잠시 쉬어 가기로 의견을 모았다.

그 섬은 무척 아름다웠다. 각양각색의 꽃들이 눈부시게 자태를 뽐내고 있었으며, 녹음이 울창한 나무들은 탐스러운 열매를 맺고 있었다. 또한 예쁜 새들도 쉬지 않고 흥겹게 노래했다.

배가 섬에 도착하자, 사람들의 행동은 저마다 달랐다.

어떤 사람들은 섬을 구경하는 동안 순풍이 불어오면 배가 떠나버릴지도 모른다는 걱정과 함께 빨리 고향으로 돌아가고 싶은 마음 때문에, 섬에 오르지 않고 그냥 배에 남아 있었다.

또 어떤 사람들은 재빨리 섬으로 올라가 향기로운 꽃 냄새를 맡기도 하고, 시원한 나무그늘 아래에서 맛있는 열매를 따먹기도 했다. 그런 다음 생기를 되찾자, 곧장 배로 돌아왔다.

그리고 또 어떤 사람들은 섬 주변 이곳저곳을 구경하며 지나치게 오랜 시간을 지체하다가, 바람이 불어오자 배가 있는 곳으로 허겁지겁 달려왔다. 때문에 그들은 섬에서 소지품까지 잃어버렸고, 배 안에 잡아놓았던 자신들의 좋은 자리를 다른 사람들에게 빼앗기고 말았다.

그런가 하면 선원들이 다시 닻을 올리는 것을 보고서도, 선장이 자신들을 남겨두고 떠나지는 않을 것이라 생각하고 그냥 섬을 돌아다니는 사람들도 있었다. 그러다가 그들은 배가 정말로 그 섬을 출발하자, 그제야 사태의 심각성을 깨닫고 헤엄을 쳐서 가까스로 배에 올랐다. 그들이 너무 서두르는 바람에 바위나 뱃전에 부딪혀 입은 상처는 배가 목적지에 도착할 때까지도 아물지 않았다.

또 다른 사람들은 섬의 아름다운 경치에 빠져 시간가는 줄도 모르고 열심히 열매를 따먹다가, 배가 떠나는 것을 눈치 채지 못했다. 그들은 결국 숲속에 있는 사나운 짐승들의 먹이가 되거나, 독 있는 열매를 먹고 탈이 나거나 해서 결국 모두 죽고 말았다.

이 이야기에서 배는 인생에서의 선행을 상징하고, 섬은 쾌락을 상징하고 있다.

섬에 오르지 않고 배에 남아 있었던 첫째 부류의 사람들은 인생에서 약간의 쾌락조차 금한 경우다. 둘째 부류의 사람들은 잠시 쾌락에 빠지긴 했으나 배를 타고 목적지까지 가야 한다는 사실을 결코 잊지 않은 경우다. 셋째 부류의 사람들은 지나치게 쾌락에 빠지기 전에 돌아왔으나 얼마간 고생을 한 경우다. 넷째 부류의 사람들도 돌아오긴 했지만, 너무 늦었던 탓에 목적지에 도착할 때까지 갖가지 상처로 고통을 받은 경우다. 마지막 다섯째 부류의 사람들은 인생에서의 목적지를 망각한 채 눈앞의 쾌락만 좇다가 마침내 자멸하고 만 경우다.

당신은 이 다섯 부류의 사람들 중 어떤 유형에 속하는가?

혀 · 1

An ox is tied by the horns, man by the tongue.
황소는 뿔 때문에 망하고, 인간은 혀 때문에 망한다.

이곳저곳을 돌아다니며 '행복하게 사는 비결'을 파는
장사꾼이 있었다.
그가 가는 곳에는 늘 많은 사람들이 몰려들어, 그 비결
을 서로 사기 위해서 아우성을 쳤다.
어느 날, 그날도 역시 그 장사꾼은 어떤 동네의 골목에
서 '행복하게 사는 비결'을 판다고 큰 소리로 외쳤다.
그러자 이번에도 많은 사람들이 모여들었다. 그들 중에
는 랍비도 몇 사람 끼어 있었다.
사람들이 서로 질세라 그 비결을 사겠다고 나섰다.
"내게 파세요."
"나도 사겠습니다."
그러자 장사꾼이 랍비들을 바라보며 이렇게 말했다.

"진실로 참되고 행복하게 사는 비결은 자기 혀를 조심
해서 쓰는 겁니다."

혀 · 2

어떤 유명한 랍비가 제자들을 위해 특별히 음식을 장만
하여, 함께 식사하는 자리를 마련했다.

맛깔스럽게 차려진 음식 중에는 소와 양의 혀로 된 요
리도 있었다. 그런데 혀 요리 중에는 딱딱한 것도 있고,
부드러운 것도 있었다.

제자들이 부드러운 것에만 손을 대자, 그것을 보고 있
던 랍비가 한 마디 했다.

"너희들도 항상 혀를 부드럽게 간직하도록 해라. 혀가
딱딱해지면 다른 사람을 화나게 하거나, 서로 싸움의
불씨를 만들게 되니까."

혀 · 3

어느 날, 랍비가 아랫사람에게 시장에 가서 맛있는 음식을 사오라고 시켰다. 그런데 그가 사온 것들은 모두 혀뿐이었다.

며칠 뒤 랍비는 같은 사람에게 또다시 장에 가는 심부름을 시키며, 이번에는 좀 값이 싼 것을 사오라고 당부했다. 그런데 이번에도 그가 사온 것은 모두 혀뿐이었다.

랍비는 언짢은 기색으로 그 이유를 캐물었다.

"맛있는 것을 사오라고 해도 혀를 사오고, 싼 것을 사오라고 해도 혀를 사온 이유가 도대체 뭐냐?"

그러자 심부름을 했던 아랫사람이 이렇게 대답했다.

"맛있고 좋은 것이라면 물론 좋은 혀가 그에 해당되고, 또 싼 것이라면 맛없고 나쁜 혀가 바로 그에 해당되기 때문입니다."

가장 중요한 부분

A dog is not considered good because of his barking, and a man is not considered clever because of his ability to talk.

개가 짖는다고 해서 용하다고 볼 수 없고,
사람이 지껄일 수 있다고 해서 영리하다고 볼 수 없다.

암사자의 젖을 먹어야만 낫는, 희귀한 병에 걸린 왕이 있었다. 그러나 암사자의 젖을 구한다는 것은 결코 만만한 일이 아니었다.

왕의 병세가 점점 깊어지자, 그 소문이 모든 사람들에게 퍼졌다.

이때, 어느 총명한 사람이 발을 벗고 나섰다.

그는 용기를 내어 사자가 있는 동굴에 접근했다. 그는 어린 새끼사자를 한 마리씩 어미사자에게 넣어주며 어미사자와 친해지려는 노력을 피나게 했다.

열흘 가량이 지나자, 어미사자는 그를 꺼려하거나 으르렁대지 않았다. 어미사자와 친해진 그는 사자의 젖을 조금씩 짜내어 병에 담았다.

마침내 왕의 병을 치료할 수 있는 정도의 암사자 젖을 구한 그는 궁전으로 발걸음을 옮겼다.

그런데 궁전을 향해 가는 길에 그는 백일몽을 꾸었다. 꿈속에서 그의 신체 부위들이 서로 싸움을 해댔다. 신체의 어느 부위가 가장 중요한 역할을 하느냐를 가지고 말다툼을 벌이는 것이었다.

먼저 눈이 나섰다.

"눈이 없었다면, 앞을 보지 못하는데 어떻게 그곳까지 갈 수가 있었겠어? 그러니까 이번 일로 훈장을 받을 만한 자격이 있는 것은 바로 이 눈이야, 눈!"

심장이 눈의 말을 가로막았다.

"말도 되지 않는 소리 하지 마. 담력이 없으면 사자 근처에도 가지 못했을 테니까, 그 공은 내 것이야."

발도 지지 않고 끼어들었다.

"발이 없었으면 어떻게 사자가 있는 동굴까지 갈 수 있었겠어? 그러니까 내가 제일 큰 공을 세운 거야."

"눈이 없었다면, 앞을 보지 못하는데
어떻게 그곳까지 갈 수가 있었겠어?
그러니까 이번 일로 훈장을 받을 만한 자격이 있는 것은
바로 이 눈이야, 눈!"

이번에는 혀가 나섰다.

"그래봐야 뭘 해? 말을 할 수 없으면 아무 소용이 없는데. 그러니까 모든 공은 나에게 돌아올 거야."

그러자 다른 신체 부위들이 모두 들고 일어나 혀의 말문을 막았다.

"조그맣고 뼈도 없는 주제에 어디다 대고 건방지게 굴고 있어? 까불지 말고 가만히 있어!"

이윽고 그가 사자의 젖을 들고 궁전 안으로 들어가자, 혀가 다른 부위들에게 이렇게 말했다.

"사람의 몸속에서 어느 부위가 가장 중요한지 한번 두고 보자고."

그가 무릎을 꿇고 왕에게 암사자의 젖을 내놓자, 왕이 의아한 표정으로 물었다.

"이것이 무슨 젖이냐?"

그가 왕의 질문에 이렇게 대답했다.

"네, 개의 젖입니다."

혀가 엉뚱한 대답을 하자, 조금 전까지 공을 다투던 신

체의 각 부위들이 그때서야 혀의 위력을 깨닫고 혀에게
잘못을 빌었다.

그러자 혀가 얼른 다시 말을 바꿨다.

"제가 잘못 말씀드렸습니다. 이것은 진짜 암사자의 젖
입니다."

가장 중요한 역할을 하는 것일수록 자제력을 잃으면 자
신도 모르는 사이에 더 큰 잘못을 저지르게 된다.

헐뜯지 않는 입

동물들이 한자리에 모였는데, 모두가 뱀의 흉을 보기 시작했다.

"사자는 일단 먹이를 쓰러뜨린 다음 뜯어먹고, 늑대는 먹이를 갈가리 찢어낸 다음 먹는데, 뱀인 너는 뭐가 급하다고 먹이를 그렇게 통째로 삼키니?"

다른 동물들이 흉을 보자, 뱀이 이렇게 대꾸했다.

"나는 그것이 너희들처럼 입으로 잔인하게 물어뜯는 것보다 낫다고 생각해. 입으로 상대방을 상처 입히지는 않으니까."

여우와 포도밭

Life is like an onion, which one peels crying.
인생은 눈물을 흘리며 양파껍질을 벗기는 것과 같다.

포도가 탐스럽게 주렁주렁 열린 커다란 포도밭이 있었다.

주변에 살던 여우는 그 포도밭에 들어가 맛있는 포도를 실컷 따먹고 싶었다. 그러나 포도밭 주변에 둘러쳐진 울타리 때문에 안으로 들어가는 것이 쉽지 않았다.

여우는 울타리 틈새로 들어갈 수 있는 방법을 궁리해보았다. 아무리 꾀를 내도, 자신의 체중을 줄이는 것 말고는 별다른 방법이 없다는 생각이 들었다. 결국 여우는 4일 동안을 꼬박 굶은 끝에, 마침내 울타리 틈새로 포도밭에 들어가는 데 성공했다.

포도밭 안으로 들어간 여우는 단물이 한껏 오른 포도를 실컷 따먹었다. 그런 다음, 다시 밖으로 나오기 위해 울타리 틈새에 몸을 밀어 넣었다. 하지만 실컷 포도를 먹은 덕분에 배가 불룩 나와서 도무지 빠져나갈 수가 없었다.

다시 4일 동안 굶은 뒤에야, 여우는 간신히 밖으로 빠져나왔다.

그때 여우는 이런 생각이 들었다.

'결국 들어갈 때나 나올 때나 바뀐 게 없는 셈이야. 배고프기는 역시 마찬가지야.'

인생도 마찬가지다. 사람은 누구나 빈손으로 왔다가, 역시 빈손으로 돌아가게 마련이다.

불행과 행운

Of evil manners, spring good news.

악한 행실에서 선한 법이 나온다.

랍비 아키바가 작은 등잔불 하나를 들고 나귀와 개를 벗 삼아 여행하고 있었다.

날이 어둑어둑해지자, 아키바는 밤의 한기를 피할 곳을 찾았다. 마침 가까운 곳에 있는 헛간 하나가 눈에 들어 왔다. 그는 그 헛간에서 하루를 지내기로 작정했지만, 잠을 청하기에는 아직 시간이 일렀다.

그래서 그는 등잔불을 켜놓고 책을 읽기 시작했다. 그 런데 바람이 세게 불어 등잔불이 꺼지고 말았다. 그는 할 수 없이 잠을 청할 수밖에 없었다.

그런데 그날 밤 그가 잠든 사이에 개는 여우에게 물려 죽었고, 나귀는 사자에게 잡혀 먹혔다.

다음날 아침, 그는 등잔불 하나만을 달랑 들고 외롭게

다시 길을 떠났다.

마을에 도착했다. 그런데 그곳에는 사람이라고는 그림자도 보이지 않았다. 나중에야 안 사실이지만, 전날 밤에 도적 떼들이 몰려들어 마을의 모든 것을 짓밟고, 마을의 모든 사람들을 죽인 것이다.

만약 전날 밤에 등잔불이 바람에 꺼지지 않았다면, 아키바도 도적 떼에게 들켜 죽임을 면치 못했을 것이다.

그리고 만약 개가 살아 있었다면, 개가 짖어대는 소리에 그들이 몰려왔을 것이다.

또 나귀가 살아 있었다면, 역시 나귀가 길길이 날뛰어서 자신의 목숨도 안전하게 보전하지 못했을 것이다.

결국 그가 살아남게 된 것은 불행이라 여겼던 그 세 가지 일들 때문이었다.

이 일을 겪고 난 뒤, 아키바는 다음과 같은 진리를 깨달았다.

'최악의 상황에서라도 인간은 희망을 잃어서는 안 된다. 불행이라 생각했던 일이 행운을 불러오는 경우는 얼마든지 있다.'

빼앗기지 않는 재산

There is a time when a man distinguishes the idea of felicity from the idea of wealth; it is the beginning of wisdom.

인간에게는 행복과 부귀에 관한 생각을 확실하게 가름할 수 있을 때가 있는데,
그때야말로 참된 지혜가 시작되는 시기이다.

근사한 배를 타고 여행 중인 부자들이 각자 자신들의 재산을 자랑하느라 여념이 없었다.

그들 중 한 사람이 마침 옆에 있던 랍비에게 재산이 얼마나 되느냐고 물었다. 그러자 랍비가 대답했다.

"나는 나 자신도 여러분 못지않은 부자라고 생각합니다. 그러나 지금 당장 내 재산을 보여드릴 수는 없군요."

그의 말에 모든 사람들이 콧방귀를 뀌었다.

얼마 후, 갑자기 해적이 출몰하여 배를 습격했다. 배안에 있던 부자들은 지니고 있던 금은보석과 소지품을 모두 해적에게 털리고 말았다.

해적의 습격을 받은 배가 드디어 목적지에 도착했다.

랍비는 도착한 곳의 사람들에게 그 높은 학식을 인정받아, 학생들을 모아놓고 강의를 하며 어려움 없이 지냈다. 그러나 함께 배에 타고 있던 부자들은 가지고 있던 재산을 모두 잃는 바람에, 가난뱅이로 비참하게 생활했다.

어느 날, 랍비는 같이 배에 탔던 부자들을 만날 기회가 있었다. 이때 그들은 랍비를 보자마자 이구동성으로 이렇게 말했다.

"당신의 말이 옳았습니다. 당신이 가진 지식이야말로 남에게 빼앗길 일이 없는 가장 안전하고 확실한 재산이군요."

목구멍에 뼈가 걸린 사자

사자의 목구멍에 날카로운 뼈가 걸렸다. 사자는 자기 목구멍에서 뼈를 빼주는 자에게는 아주 좋은 상을 주겠다고 동물들에게 얘기했다.

그러자 학이 기꺼이 나섰다.

학은 사자의 입을 크게 벌리도록 한 다음, 자신의 긴 부리를 입속에 쑥 집어넣어 걸려 있던 뼈를 빼내었다.

그리고는 학이 사자에게 상을 달라고 하자, 사자가 퉁명스럽게 말했다.

"내 입 속에 머리를 집어넣었다가 살아서 도망간 놈은 아직까지 없었다. 그런데 너는 내 입 속에 머리를 집어넣고서도 아직까지 살아 있으니, 그걸 바로 상이라고 생각하거라. 평생의 자랑거리로 남을 테니까 말이야."

옳은 것의 차이

알렉산더 대왕이 이스라엘에 왔을 때 어떤 유태인이 대왕에게 물었다.

"대왕께서는 우리가 가진 금과 은이 갖고 싶지 않으신지요?"

그러자 알렉산더 대왕이 이렇게 대답했다.

"나는 금과 같은 보화는 많이 가지고 있기 때문에 그런 건 조금도 탐나지 않소. 다만 유태인인 당신들의 전통과 당신들의 정의가 어떤 것인지 알고 싶을 뿐이오."

알렉산더 대왕이 그곳에 머물고 있는 동안, 두 명의 사나이가 어떤 일을 상담하기 위하여 랍비를 찾아갔다.

내용인즉, 한 사람이 다른 사람으로부터 넝마더미를 샀는데, 그 넝마 속에서 많은 금화가 발견되었다는 것이었다.

307

넝마를 산 사람이 넝마를 판 사람에게 이렇게 말했다.

"나는 넝마를 산 것이지 금화까지 산 것은 아니오. 그러니 이 금화는 마땅히 당신 것이오."

그러자 넝마를 판 사람은 그것을 산 사람에게 이렇게 대답했다.

"나는 당신에게 넝마더미 전부를 판 것이니, 그 속에 들어 있는 것도 모두 당신 것이오."

두 사람의 말을 들은 랍비는 한참을 생각하고 나서 이렇게 판정을 내렸다.

"당신들에게는 각기 딸과 아들이 있으니, 그 두 사람을 서로 결혼시키십시오. 그런 다음 그 금화를 그들에게 물려주는 것이 옳은 사리일 것이오."

그리고는 알렉산더 대왕에게 물어보았다.

"대왕님, 당신의 나라에서는 이런 경우 어떤 판결을 내리십니까?"

알렉산더 대왕은 이 질문에 아주 명쾌하게 대답했다.

"우리나라에서는 두 사람 모두를 죽이고, 금화는 내가 갖소. 이것이 내가 알고 있는 정의요."

자기가 당하고 싶지 않은 일

한 남자가 위대하다고 소문난 랍비 힐렐을 찾아와서 말했다.

"내가 한쪽 다리로 서 있는 동안에 유태의 학문을 모두 가르쳐 보시오."

그러자 힐렐이 이렇게 대답했다.

"자기가 당하고 싶지 않은 일을 남에게 행하지 말라."

인내심

위대한 랍비 힐렐을 화나게 할 수 있는지 없는지를 가지고 사람들이 내기를 걸었다. 그래서 힐렐이 목욕탕에 들어가 목욕을 하고 있을 때, 한 남자가 문을 두드렸다. 힐렐은 젖은 몸을 대충 닦고 옷을 걸친 다음 문을 열고 나왔다.

그러자 그 남자는 "인간의 머리는 왜 둥글까요?" 하는 따위의 의미 없는 질문을 잇달아 퍼부어댔다.

힐렐이 대답을 마친 후 안으로 들어가 다시 목욕을 하고 있는데, 그 남자가 또다시 문을 두드렸다.

힐렐이 다시 문을 열고 나오자, 그 남자는 "흑인은 왜 검을까요?" 하는 따위의 어리석은 질문을 계속 되풀이했다.

311

힐렐은 질문에 대해 성의껏 설명한 뒤 다시 목욕탕으로 들어갔는데, 얼마 지나지 않아 문 두드리는 소리가 또다시 났다.

이런 일이 무려 다섯 번이나 반복되었다. 그러나 힐렐은 결코 화를 내지 않았고, 따라서 그 남자는 뜻을 이룰 수 없었다.

마침내 그 남자는 체념한 듯 힐렐에게 말했다.

"당신 같은 인간은 이 세상에 없었으면 좋겠소. 나는 당신 때문에 내기에서 큰 손해를 보게 되었소."

힐렐은 그 남자를 잠시 쳐다보다가 입을 열었다.

"내가 인내심을 잃는 것보다, 당신이 돈을 잃는 쪽이 낫소."

성 윤리

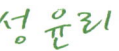

어떤 젊은이가 한 아가씨를 깊이 짝사랑하던 나머지 병이 들어 자리에 눕게 되었다.

진찰을 마친 의사가 젊은이에게 말했다.

"이것은 당신의 소망이 이루어지지 못해 상사병이 된 것이니, 그 여인과 성관계를 가지면 나을 게요."

그래서 젊은이는 랍비를 찾아가 의사의 말을 전하면서, 어떻게 하면 좋겠느냐고 물었다.

랍비는 절대로 그와 같은 성 관계를 가져서는 안 된다고 말했다.

그러자 젊은이는, 그렇다면 그 여자에게 벌거벗은 몸으로 자기 앞에 잠시 서 있어 달라고 부탁하면 어떻겠느냐고 물었다. 그러면 자신의 우울한 마음이 풀어져 병

313

이 나을 것 같다면서 말이다.

랍비는 그것 역시 안 된다고 말했다.

젊은이는 다시, 그렇다면 자기와 그 여자가 울타리를 사이에 두고 마주 서서 이야기라도 하는 것은 어떻겠냐고 물었다.

그러나 랍비는 그것조차도 안 된다고 말했다.

그 젊은이는 물론이고, 주위에 있던 다른 사람들까지도 의아해 하며 랍비에게 물었다.

"어째서 선생님께서는 그 모든 것에 대해 그처럼 강경하게 반대만 하십니까?"

그러자 랍비가 다음과 같이 대답했다.

"인간은 마땅히 정숙해야 하오. 그런데 순결한 사람들이 서로 사랑한다고 해서 성 관계를 가져도 좋다고 한다면, 사회의 규율은 무너지고 말 것이오."

314

결론

〈탈무드〉에는 4개월이나 6개월, 때로는 7년이란 오랜 시간을 두고 어떤 문제에 관해 토론했다는 이야기가 자주 나온다. 그럼에도 불구하고, 그 가운데 더러는 결론이 나지 않은 것들도 있다.

이런 토론의 말미에는 '모른다' 는 꼬리말이 달려 있다. 즉 '알 수 없을 때는 모른다고 말해야 한다' 는 것을 가르쳐주는 교훈이기도 한 것이다.

또 〈탈무드〉에는 어떤 문제에 관해 내려진 갖가지 결정들이 있기도 한데, 거기에는 반드시 소수의 의견이 함께 소개되어 있다. 적어두지 않으면, 소수의 의견은 곧 사라져버리기 때문이다.

인간의 네 가지 유형

유태인들은 인간을 다음과 같은 네 가지 유형으로 구분한다.

1. 일반적인 유형 : 내 것은 내 것이고, 네 것은 네 것이라는 사람.
2. 특별한 유형 : 내 것은 네 것이고, 네 것은 내 것이라는 사람.
3. 정의감에 불타는 유형 : 내 것은 네 것이고, 네 것도 네 것이라는 사람.
4. 악한 유형 : 내 것은 내 것이고, 네 것도 내 것이라는 사람.

히브리어의 '진실'

유태인들은 히브리어의 알파벳을 어린아이들에게 가르칠 때 그 한 자 한 자의 알파벳에 의미를 갖게끔 한다. 예를 들어보자. 히브리어로 '진실'이란 말은, 히브리어에서의 알파벳 첫 글자와 맨 끝 글자의 꼭 중간에 있는 글자를 써서 나타낸다.

이것은 유태인에게 있어 '진실'이란 것은 왼쪽이나 오른쪽 모두가 올바르며, 중간의 것 또한 올바르다는 것을 가르치기 위해서이다.

먹을 수 없는 것

유태인들은 피가 완전히 제거된 고기를 먹는다. 피를 곧 생명이라 여기기 때문이다. 물고기나 짐승의 고기를 먹을 때 그 피를 모두 제거하므로, 유태인들이 먹는 고기는 매우 건조되어 있는 상태이다.

동물을 때려서 잡으면 피가 엉겨붙기 때문에, 유태인들은 그런 방법으로는 절대 짐승을 죽이지 않는다. 또한 전기를 써서 죽이는 방법도 피가 굳어지므로 채택하지 않는다.

유태인들은 오래 전부터 동물에게 고통을 주지 않고서 피를 모두 제거하는 방법을 실험해 왔다.

먼저 동물을 죽여서 30분 동안 물에 담가 둔다. 그런 다음 굵은 소금을 뿌려서 그 소금이 피를 흡수하게 한다.

굵은 소금을 뿌리면 소금 주변에 피가 흡수되어 붉은 피의 테가 생기게 되는데, 그 피는 다시 물로 씻어낸다. 고기 중에서 간장이나 심장과 같이 특히 피가 많은 부분은 피를 모두 증발시키기 위해 불기운을 쏘인다. 그러나 이것은 피가 더럽다는 생각 때문에 그렇게 하는 것이 아니다.

닭이나 소를 도살하는 사람은 전문가로서, 랍비처럼 특별한 훈련을 받은 해부학의 권위자들이다. 그들은 신앙심이 대단히 두텁기 때문에 사람들로부터 존경을 받는다.

유태인들은 무려 4천년 전부터 해부학에 대해 깊이 연구하였다. 〈탈무드〉에도 랍비가 인체 해부까지 했다는 이야기가 나올 정도인데, 이미 당시에 해부에 대한 지식이 상당했던 것으로 추측된다.

짐승을 도살하거나 해부할 때는 매우 잘 드는 칼을 사용한다. 그 칼은 쓸 때마다 숫돌에 갈아 날을 세운다. 그리고 도살할 짐승을 거꾸로 매달아 놓고 목을 찔러 피가 콸콸 쏟아져 나오게 한다.

짐승을 죽인 사람은 그 짐승을 자세하게 조사하는데, 그것은 어느 나라의 식육 검사보다도 철저하다. 다른 나라의 검사에서는 먹어도 좋다고 판정한 것을, 유태인들은 먹지 못한다고 판정하는 경우가 적지 않다.

유태인에게 피를 기피하는 관념은 없다. 제단에 양을 제물로 바칠 때도 피를 더러운 것으로 취급하지 않는다.

〈탈무드〉는 다른 사람들이 먹고 있는 새우를 유태인들은 먹지 않는다고 해서, 유태인들이 더 위생적이라고 말하지는 않는다. 내가 새우를 먹지 않는다고 해서 새우는 좋지 않은 음식이라고 말할 수는 없다는 것이다. 새우를 먹지 않는 데는 특별한 이유가 없다. 다만 하느님이 새우를 먹지 말라고 했으므로 먹지 않을 따름이다.

또 유태인들은 네발짐승 중에서도 두 개 이상의 위를 가지고 있고 발굽이 두 개로 갈라진 것이 아니면 먹지

320

321

않는다. 돼지는 위가 하나뿐이고, 말은 발굽이 둘로 갈라져 있지 않기 때문에 식용으로 하지 않는다.

그리고 물고기도 지느러미와 비늘이 없으면 먹지 않기 때문에, 미꾸라지와 뱀장어도 먹지 않는다.

고기를 먹고 사는 새 종류도 먹지 않는다. 그래서 독수리나 매 같은 새도 먹을 수 없다.

남성과 여성

남성은 시각을 통해 성적 흥분을 일으키고, 여성은 피부의 감각을 통해 성적 흥분을 일으킨다.

그래서 〈탈무드〉는 남자들에게 '여자와 몸이 닿을 때 주의하라'고 했고, 여자들에게는 '옷차림에 주의하라'고 경고하고 있다.

계율이 엄격한 유태인 사회에서는 상인이 거스름돈을 줄 때도 여자 손님에게는 결코 손으로 직접 건네주지 않는다. 그들은 반드시 거스름돈을 어딘가에 놓아서 여자 손님이 집어가게 한다.

또한 계율을 충실하게 지키는 이스라엘의 여성들은 미니스커트 따위는 절대 입지 않는다. 긴 소매 옷에 긴 치마를 입는다.

불공정 거래

〈탈무드〉에는 불공정한 경쟁에 대해 많은 언급을 하고 있다. 예를 들면, '어떤 물건을 팔고 있는 상점의 옆에다 똑같은 물건을 파는 상점을 열어서는 안 된다'는 말이 있다.

그런데 기왕에 문을 열고 있었던 두 상점에서 같은 물건을 파는데, 한 상점에서 물건값을 많이 내려 받았다고 하자. 그럴 경우, 손님들은 당연히 한 푼이라도 싸게 받는 상점으로 몰려갈 것이다.

또는 두 상점 중 한 상점에서 아이들에게 경품을 붙여 물건을 팔았다고 하자. 경품이라고 해야 팝콘 같은 하찮은 것이지만, 아이들에게 인기가 있으면 어머니까지 같이 와서 물건을 사갈 것이다.

이쯤 되면 손님을 빼앗긴 상점 측에서 항의가 나올 수밖에 없다. 이런 경우 〈탈무드〉에서는 어떻게 하라고 말하고 있는가?

대다수의 랍비들은, 값을 내려 팔거나 경품을 붙여 파는 것은 물건을 사가는 손님 쪽에 이익이 되므로 좋은 일이라고 말한다. 그러나 몇몇 랍비는 손님을 끌기 위해 제값을 받지 않거나 경품을 붙이는 것은 불공정한 상행위라고 지적한다.

결정은 '물건을 사는 사람이 이익을 얻게 되는 일이라면 불공정 거래가 아니다'라고 내려졌다.

남의 물건을 훔치는 행위는 금해야 하지만, 물건값을 내리는 것은 어떤 사정에서 얼마를 내리든 간에 정당한 행위로 여겨지는 것이다.

지갑, 술잔, 분노

유태인들이 다른 민족을 평가하는 세 가지 기준은 키소
(지갑)와 코소(술잔) 그리고 카소(분노)이다.

키소 : 돈을 어디에 어떻게 사용하는가?

코소 : 술 마시는 자세는 어떤가?

카소 : 인내력은 어느 정도인가?

불쌍한 남자

살아 있으나 살아 있다고 할 수 없는 불쌍한 남자는 누구일까?
다음의 세 남자다.

1. 먹고 살 만한 집이 없는 남자.
2. 언제나 마누라에게 쥐여 사는 남자.
3. 언제나 몸이 아파 괴로워하는 남자.

이유

결혼을 하는 이유는 행복을 얻기 위함이고,
장례식에 참석하는 이유는 잊기 위함이며,
수업에 참석하는 이유는 듣기 위함이며,
강의를 하는 이유는 정신을 집중하기 위함이다.
금식을 하는 이유는 아낀 돈으로 자선을 베풀기 위함이
다.

많은 것도 탈

과일이 맛있으면 벌레가 많이 꼬이듯이, 재산이 많으면 그만큼 근심도 크다.

또한 여자가 많으면 잔소리도 많고, 하녀가 많으면 풍기 문란해지기 쉬우며, 하인이 많으면 집안의 물건이 많이 없어진다.

가치 있는 것

사람의 몸속에는 여섯 개의 가치 있는 부분이 있다.
이 가운데에서 세 개는 스스로 조절할 수 없지만, 나머지 세 개는 자기 마음대로 조절할 수 있다.
스스로 조절할 수 없는 가치 있는 세 부분은 눈과 귀와 코다.
마음대로 조절할 수 있는 가치 있는 세 부분은 입과 손과 발이다.

악(惡)

● 열세 살이 될 때부터, 사람의 마음속에 있는 악에 대한 충동이 선에 대한 충동보다 더 강해진다.

● 이 세상에 올바른 일만 하는 사람은 없다. 누구나 악한 일도 하게 마련이다.

● 악에 대한 충동은 처음에는 달콤하다. 그러나 나중에는 그 무엇보다도 쓰디쓰다.

● 뛰어난 사람은 그 뛰어난 만큼 악에 대한 충동도 강하다.

● 악이라는 것은 마치 불 속에서 마음대로 모양을 만들 수 있는 구리와 같이 그 충동이 마음대로이다.

● 만약 악에 대한 충동이 일어나면, 무엇인가를 열심히 배우려고 노력해야만 그러한 충동에서 벗어날 수 있다.

● 만약 사람이 악에 대한 충동을 가지고 있지 않다면, 집을 만들거나, 아내가 될 사람을 찾거나, 아이를 낳거나 하는 것은 물론이고, 일도 하지 않을 것이다.

● 죄는 미워하되, 그 죄를 지은 사람은 미워하지 마라.

● 악은 태어날 때부터 이미 인간의 마음에서 싹터, 인간이 성장함에 따라 점차 강해진다.

● 악이란 처음에는 여자처럼 연약하지만, 그대로 내버려두면 남자처럼 강해지게 된다.

● 악이란 처음에는 거미줄처럼 가늘지만, 나중에는 배를 묶어두는 밧줄처럼 굵어진다.

● 악은 처음엔 손님처럼 겸손하지만, 그대로 방치하면 대신 주인 행세를 하게 된다.

중상모략

● 사람은 입이 하나이고, 귀가 둘이다. 이것은 말하기보다는 듣는 것에 두 배로 더 힘쓰라는 뜻이다.

● 사람이 손가락을 자유자재로 움직일 수 있는 이유는 다른 사람의 험담을 듣지 않기 위해서이다. 험담 소리가 들리면 재빨리 손가락으로 귀를 막아야 한다.

● 물고기가 입 때문에 낚싯바늘에 걸리듯이, 사람도 입 때문에 매사에 문제가 되는 법이다.

● 제아무리 착한 사람이라도 평소에 입버릇이 나쁘면, 화려한 궁전 옆에 있는 악취 나는 가죽공장과 같다.

● 불속의 장작더미는 물을 끼얹으면 속까지 식힐 수 있지만, 중상모략으로 피해본 사람의 마음속 불은 어떠한 사과로도 꺼지지 않는다.

● 남을 모략하고 중상하는 것은 흉기로 사람을 해치는 것보다도 죄가 더 크다. 흉기란 몸에 지니지 않으면 상대를 해칠 수 없지만, 중상은 멀리 떨어져서도 사람을 해치기 때문이다.

● 다른 사람을 헐뜯는 행위는 살인행위보다도 위험한 일이다. 살인행위는 한 사람만을 죽이는 것이지만, 다른 사람을 헐뜯는 행위는 말하는 사람과 듣는 사람 그리고 그 때문에 피해를 보는 사람까지 모두 세 사람을 해치는 행위이다.

살아오면서 가면서
꼭 읽어야 할 보석같은 책

1판 5쇄 발행 ┃ 2012년 4월 15일

엮은이 ┃ 유화정
펴낸이 ┃ 윤다시
펴낸곳 ┃ 도서출판 예가

주소 ┃ 서울시 영등포구 당산동 1가 191-10
전화 ┃ 02) 2633-5462
팩스 ┃ 02) 2633-5463
E-mail ┃ yegabook@hanmail.net
Blog ┃ http://blog.daum.net/yegabook
등록번호 ┃ 제 8-216호

ISBN 978-89-7567-521-8 13100

※ 잘못된 책은 바꿔드립니다.
※ 가격은 표지 뒷면에 있습니다.
※ 인지는 저자와의 합의하에 생략합니다.